INTERPRETATIONEN DEUTSCH

G. E. Lessing
Emilia Galotti

Interpretiert von
Martin Brück

STARK

Umschlagbild
Odoardo (Peter Liebaug) ersticht Emilia (Sara Ghersi).
„Emilia Galotti" in der Inszenierung von Astrid Jacob im Schauspielhaus
des Rheinischen Landestheaters Neuss 2003. Foto: Alex Büttner

ISBN 978-3-89449-635-7

© 2012 by Stark Verlagsgesellschaft mbH & Co. KG
www.stark-verlag.de
1. Auflage 2003

Das Werk und alle seine Bestandteile sind urheberrechtlich geschützt. Jede vollständige oder
teilweise Vervielfältigung, Verbreitung und Veröffentlichung bedarf der ausdrücklichen
Genehmigung des Verlages.

Inhalt

Vorwort

Einführung 1

Biografie und Entstehungsgeschichte 3
1 Biografische Hintergründe 3
2 Entstehungsgeschichte 7

Inhaltsangabe 9

Textanalyse und Interpretation 29
1 Personen 29
2 Thematische Schwerpunkte 49
3 Struktur des Dramas 64
4 Form und Theorie des Dramas 68
5 Figurensprache und Kommunikation 72
6 Interpretation von Schlüsselstellen 75

Werk und Wirkung 81

Literaturverzeichnis 84
Anmerkungen 86

Autor: Dr. Martin Brück

Vorwort

Liebe Schülerin, lieber Schüler,

obgleich uns fast 250 Jahre von Lessings *Emilia Galotti* trennen, stellt dieses Bürgerliche Trauerspiel immer noch eine Provokation für Regisseure, Zuschauer und Leser dar. Der Autor unterzieht seine Zeit einer scharfen und schonungslosen Analyse, vertraut auf die Wirkungsmöglichkeiten des Theaters und konfrontiert uns mit politischen sowie familiären Problemen, die – bei allem zeitlichen Abstand – betroffen machen. Die vorliegende *Interpretationshilfe* bietet Grundlagen für das Verständnis des Werks, die unverzichtbar sind, will man seine besondere Qualität erschließen und aktuelle Bezugspunkte entdecken.

Auf Informationen zur **Biografie u. Entstehungsgeschichte** folgt eine nach Akten und Szenen strukturierte **Inhaltsangabe**, die das äußere und innere Geschehen knapp zusammenfasst. Im Zentrum des Buches stehen **Textanalyse und Interpretation**: Die **Charakterisierung der Personen** und ihrer Beziehungen knüpft an die Darstellung der Dramenhandlung an und bildet die Voraussetzung für eine vertiefende Beschäftigung mit zentralen **thematischen Schwerpunkten**. Vor dem Hintergrund dieser inhaltlichen Aspekte werden dann **formale und sprachliche Eigenschaften** des Werks (Struktur, Form und Theorie des Dramas; Figurensprache und Kommunikation) untersucht: Eine gelungene Interpretation muss dem Zusammenhang zwischen Inhalt und Form auf die Spur kommen. Wie eine solche Deutung aussehen kann, zeigen die Bearbeitungen zweier **Schlüsselstellen**. Abschließend werden im Kapitel **Werk und Wirkung** wichtige Stationen der Rezeptionsgeschichte kurz vorgestellt.

Martin Brück

Einführung

Lessings Trauerspiel *Emilia Galotti* wurde 1771 uraufgeführt. Anlass war der Geburtstag einer Herzogin. Bedenkt man, dass der Dichter in seinem Drama die Welt des Hofes deutlich kritisiert, so ergibt sich ein Widerspruch – es handelt sich nicht um den einzigen, der mit diesem berühmten Werk zusammenhängt.

Lessing ist der bedeutendste deutsche Schriftsteller der ‚Aufklärung'. Dieser Epochenbegriff spricht für sich; denn es geht den aufklärerischen Literaten und Philosophen um die Beseitigung von Vorurteilen, die kritische Hinterfragung von Denkgewohnheiten. Sie appellieren an die Vernunft ihrer Leser und fordern diese auf, ihren Verstand auch dort frei zu gebrauchen, wo bisher Denkverbote herrschten. Auf dem Prüfstand stehen die Autorität der Kirche, die Legitimität absoluter Fürstenherrschaft und die aus dem Mittelalter stammende Ständegesellschaft mit ihrer ungerechten Verteilung von politischer Macht, gesellschaftlichem Einfluss und Wohlstand. Das Theater erscheint den Aufklärern als besonders geeignetes Forum, um auf solche Missstände aufmerksam zu machen. So erklärt es sich, dass Lessing als Dramaturg und Theaterkritiker in Hamburg tätig war.

Emilia Galotti zeigt jedoch nicht nur Missstände auf, sondern verletzt Tabus, die schon die ersten Zuschauer und Rezensenten schockiert haben: Am Schluss des Dramas wird Emilia von ihrem eigenen Vater getötet, der sie damit für immer vor der Gewalt und den Verführungskünsten eines Fürsten schützen will. Wie kann man – gerade als aufklärerischer Verteidiger von Freiheit und Vernunft – ein Theaterstück so enden lassen? Nicht zuletzt dieser grässliche Schluss hat Regisseure und Interpreten bis heute immer wieder motiviert, sich mit dem Stück zu beschäftigen.

Auch im Deutschunterricht der Oberstufe zählt Lessings Drama zu den häufig gelesenen Werken. Warum könnte es für Schülerinnen und Schüler heute – nach über 230 Jahren – noch lohnend sein, sich mit dem fünfaktigen Trauerspiel zu beschäftigen? Worin liegt die überzeitliche Bedeutung des Stücks? Eine Antwort darauf möchte diese *Interpretationshilfe* geben. Vorab sollen schon einige Aspekte kurz angesprochen werden:

Ein Thema des Dramas ist der Einfluss der gesellschaftlichen Verhältnisse auf die Privatsphäre der Bürger: Der Fürst und sein Handlanger arbeiten mit üblen Intrigen, um ihr Ziel zu erreichen. Heute haben wir es – wenn auch meist harmloser und indirekt – mit vielfältigen Manipulationen zu tun, die – z. B. in Form der Massenmedien – wirkungsvoll in das Leben der Menschen eingreifen. Dieser Sachverhalt lässt sich auf die Frage zuspitzen: Gibt es überhaupt individuelle Freiheit und Selbstbestimmung?

Opfer von Gewalt und Intrige ist in Lessings Stück eine Kleinfamilie. Wie sieht die Machtstruktur innerhalb dieser Familie aus, wie die Rollenverteilung? Wie verhält sich die Familie Galotti in der Konfrontation mit äußerer Bedrohung? Stellt sie ein humanes Gegenmodell zur korrupten gesellschaftlichen Umwelt dar, vermag sie stabile Werte zu vermitteln? Oder zeigt sich etwa schon zu Lessings Zeiten, dass die Institution Familie – wie heute ihre Kritiker meinen – mit diesen Aufgaben überfordert ist?

Im Mittelpunkt des Trauerspiels schließlich steht Emilia, eine junge Frau kurz vor ihrer Heirat. Das von Lessing entworfene Frauenbild könnte in den Zusammenhang heutiger Diskussionen um Geschlechterrollen und weibliche Identität gestellt werden: Inwieweit wurde Emilia zur Mündigkeit bzw. Selbstbestimmung – auch in sexueller Hinsicht – erzogen? Welches Verhältnis hat sie zum zukünftigen Ehemann? Wie stellt sich ihre Situation nach der katastrophalen Entwicklung des Geschehens dar? Vielleicht lässt sich der Dramenschluss auf diesem Hintergrund besser verstehen. Denn Emilia wird auf eigenen Wunsch vom Vater getötet.

Biografie und Entstehungsgeschichte

1 Biografische Hintergründe

Als drittes von zwölf Kindern des Ehepaares Johann Gottfried und Justina Salome Lessing wurde Gotthold Ephraim Lessing am 22. Januar **1729** in **Kamenz** (Oberlausitz) geboren. Sein Vater war Hauptpastor, die Mutter Tochter eines Pfarrers. Auch der Sohn, der schon in der Kamenzer Lateinschule – einer heutigen Grundschule vergleichbar – durch gute Leistungen auffiel, sollte die geistliche Laufbahn einschlagen.

Gotthold Ephraim Lessing (1729–1781) Foto: DLA

Lessing erhielt Stipendien für die Fürstenschule St. Afra in Meißen und die Leipziger Universität, wo er von **1746** bis **1748** studierte. Sein Interesse an der Theologie hielt sich jedoch in Grenzen: Schon in Meißen betätigte er sich literarisch und verfasste ein Lustspiel *(Der junge Gelehrte);* in der aufstrebenden Handelsstadt **Leipzig** suchte er den Kontakt zu Schriftstellern und Schauspielern. Schulden führten zu einem Konflikt mit der Familie: Lessing musste für kurze Zeit nach Kamenz zurückkehren und verließ schließlich Leipzig auf der Flucht vor seinen Gläubigern.

In den Jahren **1749–1751** versuchte Lessing in **Berlin** eine Existenz als freier Schriftsteller zu führen. Die Residenzstadt mit ihrem pulsierenden Kulturleben und insbesondere einem wachsenden Buch- und Zeitschriftenmarkt bot dafür günstige Voraussetzungen, die Lessing nach Kräften nutzte. Neben literarischen

Arbeiten (Dramen, Kurzprosa) und wissenschaftlichen Studien betätigte er sich journalistisch als Buch- und Theaterkritiker. Das breite Spektrum seiner Interessen war schon in dieser Lebensphase charakteristisch für den Autor Lessing. Seine zunehmende Bekanntheit ermöglichte ihm Kontakte zu wichtigen Autoren der Aufklärungsepoche (u. a. Friedrich Nicolai, Moses Mendelssohn); er selbst gilt bis heute als bedeutendster deutscher Schriftsteller dieser Zeit in der zweiten Hälfte des 18. Jahrhunderts.

Lessing verließ sich jedoch nicht auf seine literarischen und publizistischen Erfolge, sondern strebte parallel dazu einen Universitätsabschluss – Voraussetzung für einen soliden bürgerlichen Beruf – an. Statt Theologie studierte er seit **1748** Medizin und legte **1752** das Magisterexamen an der Universität **Wittenberg** ab. Danach zog es ihn nach **Berlin** zurück, wo seine Popularität als Dichter und Kritiker weiter zunahm. In **Potsdam**, wo er sich einige Monate aufhielt, entstand **1755** sein erstes bedeutendes Drama, mit dem er die neue Gattung des ‚Bürgerlichen Trauerspiels' in Deutschland einführt: *Miss Sara Sampson*. Lessings wirtschaftliche Sorgen hielten an, waren doch die Einnahmen des freien Schriftstellers eher bescheiden und außerdem nicht kalkulierbar, vielmehr vom Publikumsgeschmack und den Gesetzen des Marktes abhängig. Er ging daher auf das Angebot des reichen Leipziger Kaufmannssohns Johann Gottfried Winkler ein, diesen auf einer großen Bildungsreise zu begleiten. Dies scheiterte jedoch am Ausbruch des Siebenjährigen Krieges (1756–1763).

Auch in **Berlin** gelang es Lessing in den folgenden Jahren (**1758–60**) nicht, eine feste Anstellung zu finden. Bemühungen seiner Freunde blieben wirkungslos, da sich der preußische Monarch Friedrich II. gegen den Dichter stellte. Dem für seine Zeit durchaus fortschrittlichen Fürsten, der Ideen der Aufklärung in seiner Regierungspraxis umzusetzen versuchte, gingen Lessings polemische Schriften zu weit, in denen dieser u. a. einen von ihm geförderten Dichter (Samuel Gotthold Lange) heftig angegriffen

Biografie und Entstehungsgeschichte **/** 5

hatte. Außerdem machte Lessing dadurch auf sich aufmerksam, dass er den Siebenjährigen Krieg und die patriotische Begeisterung vieler seiner Dichterfreunde mit Skepsis beurteilte. Anstelle von populärer Kriegslyrik schrieb er **1759** das Drama *Philotas,* in dem er seine Kritik an einem menschenverachtenden Heroismus zum Ausdruck brachte. Scharfe Kritik übte Lessing auch an literarischen Autoritäten, v. a. an dem Leipziger Professor Gottsched, der feste Regeln für Thematik, Gestaltung und Wirkung von Dramen formulierte; Lessing empfand dies als eine nicht mehr zeitgemäße Dogmatik in Kunst- und Geschmacksfragen.

Schließlich fand er in **Breslau** eine Anstellung als Sekretär – ausgerechnet bei einem preußischen General namens Tauentzien. Wie öfter in seinem Leben musste Lessing einen Kompromiss eingehen, der ihm allerdings auch Vorteile verschaffte. Sein Verdienst erlaubte ihm den Erwerb einer eigenen Bibliothek, die er freilich einige Jahre später zur Begleichung seiner Schulden wieder verkaufen musste. Während der Breslauer Jahre (**1760–64**) fand er neben der monotonen Arbeit Zeit genug, seinen schriftstellerischen Interessen nachzugehen. Seine Kritik am Siebenjährigen Krieg verarbeitete er auf heiter-ironische Art in *Minna von Barnhelm,* einer der – bis heute – bedeutendsten Komödien deutscher Sprache. Seine theoretischen und kritischen Schriften beschäftigen sich – neben Literatur, Theater und Theologie – auch mit antiker Kunst: Es entstand der berühmte Aufsatz über die ‚Laokoon‘-Gruppe eines römischen Bildhauers, in dem Lessing Literatur und bildende Kunst unter dem Gesichtspunkt der Darstellbarkeit von tödlichem Schmerz miteinander verglich.

Nach einem erneuten Aufenthalt in **Berlin** (**1765–67**) begab sich Lessing nach **Hamburg**, wo ihm **1766** eine attraktive Stelle als Dramaturg und Kritiker am neu gegründeten Nationaltheater angeboten wurde. Dieses revolutionäre Unternehmen – es gab damals nur Hoftheater und Wanderspielbühnen in Deutschland – scheiterte schon nach einer Spielzeit an finanziellen Problemen.

6 ✦ Biografie und Entstehungsgeschichte

Auch Lessings Versuch, sich durch Beteiligung an einer Drucke-
rei finanziell abzusichern, schlug fehl und kostete ihn seine be-
scheidenen Ersparnisse. Beide Projekte spiegeln Wunschvorstel-
lungen des freien bürgerlichen Schriftstellers wider, die utopisch
blieben. Seine Arbeit am Theater dokumentierte Lessing in der
Hamburgischen Dramaturgie – einer Sammlung von Kritiken und
grundsätzlichen Überlegungen zum Drama.

Eine letzte Anstellung, die er bis zu seinem Tod beibehielt,
fand Lessing schließlich in **Wolfenbüttel bei Braunschweig**,
wo er als Hofbibliothekar der Herzoglichen Bibliothek vorstand
(**1770–81**). Nun war er erstmals frei von materiellen Sorgen;
seiner Leidenschaft für Bücher kam die neue Position entgegen,
zumal er sich um organisatorische Fragen wenig kümmern musste und die kostbare Bibliothek wissenschaftlich nutzen konnte.
Diese Vorteile wurden jedoch durch den Wechsel vom bürger-
lich-städtischen Milieu Hamburgs in den Umkreis des Braunschweiger Hofes mit seiner absolutistischen Hierarchie erkauft:
Aus dem freien Schriftsteller wurde endgültig ein vom Hof ab-
hängiger Beamter, der zu den herrschenden aristokratischen Kreisen keinen Zugang hatte. Angesichts dieser Situation erschien
seine scharfe Kritik am höfischen Absolutismus im Trauerspiel
Emilia Galotti (**1771–72**) – zumal er es zum Geburtstag der Herzogin verfasste – als gewagtes Unternehmen. Dies war Lessing
bewusst – zur Uraufführung erschien der Dichter nicht!

1771 verlobte sich Lessing mit der Hamburger Kaufmanns-
tochter Eva König, einer Witwe und Mutter von vier Kindern.
Zur Hochzeit kam es erst fünf Jahre später, weil die zur Familien-
gründung notwendige Aufbesserung seines Gehalts ihm immer
wieder verweigert wurde. Bemühungen seiner Freunde, ihm eine
besser dotierte Stellung zu verschaffen – in Wien, Heidelberg und
Mannheim – scheiterten; Lessing schien zunehmend die innere
Kraft für eine berufliche Neuorientierung zu fehlen, auch stell-
ten sich immer häufiger Krankheiten ein. Heftige Schicksals-

Biografie und Entstehungsgeschichte ⫟ 7

schläge trafen ihn gegen Ende des Jahrzehnts: Sein Sohn Traugott, am 15. 12. 1778 geboren, starb einen Tag später, und Eva Lessing folgte im Januar 1779 ihrem Sohn in den Tod.

Seine letzten Jahre verbrachte Lessing als gebrochner Mann, der mit seinem Leben abgeschlossen hat. Es ist sicher kein Zufall, dass er sich nun vorwiegend mit theologischen Themen befasste, die für ihn – neben Literatur, Theater und Kunst – schon immer von zentraler Bedeutung waren. Lessings Auseinandersetzung mit dem Hamburger Pastor Goeze, dessen enger protestantischer Religiosität er seine Vorstellung eines aufgeklärten, vernünftigen Glaubens entgegensetzte, führte zu einem Zensurerlass des Herzogs gegen seinen eigenen Hofrat. Lessing wich daher auf das Theater aus und setzte seine Ideen von religiöser Toleranz und einem friedlichen Zusammenleben der Religionen in ein Drama um, das zur Zeit der Kreuzzüge in Jerusalem spielt: *Nathan der Weise* (**1779**). Utopische Züge wies auch seine letzte Schrift *Die Erziehung des Menschengeschlechts* von **1780** auf, in der er zu einer optimistischen Einschätzung der Geschichte im Sinne einer fortschreitenden Verwirklichung von Humanität gelangte. Erschöpft durch die Auseinandersetzungen seiner letzten Lebensjahre, vereinsamt und fast erblindet, starb Lessing am 5. Februar **1781** in **Braunschweig** an den Folgen eines Schlaganfalls.

2 Entstehungsgeschichte

Das zentrale Motiv des Trauerspiels, der Tod der Emilia Galotti, geht auf ein Geschichtswerk des röm. Historikers **Titus Livius** (*Ab urbe condita*, Ende des 1. Jh. n. Chr.) zurück. Dieser erzählt von der jungen **Virginia**, die zur Zeit der Ständekämpfe in der röm. Republik von ihrem Vater getötet wird, um nicht der gewaltsamen Verführung durch den Senator Appius Claudius zum Opfer zu fallen. Appius hatte mit einigen anderen Senatoren die

Macht in Rom unrechtmäßig an sich gerissen. Die grausame Tat des Lucius Virginius wird zum Signal für einen Aufstand, der zur Wiederherstellung der früheren politischen Verhältnisse führt.

Seit dem 16. Jh. gibt es dramatische Bearbeitungen des ‚Virginia'-Stoffes in Deutschland, England, Italien, Frankreich und Spanien. Lessing befasste sich als Dramaturg und Theaterkritiker mit einigen dieser Werke. Die Ausschreibung eines Preises für eine Tragödie in deutscher Sprache durch seinen Freund Friedrich Nicolai (1757) brachte den Dichter auf die Idee, selbst eine ‚Virginia'-Tragödie zu schreiben. Er wollte jedoch aus der „Geschichte der römischen Virginia" alles entfernen, „was sie für den ganzen Staat interessant macht", und sich auf das „Schicksal einer Tochter, die von ihrem Vater umgebracht wird", beschränken. Das Ausklammern der politisch-öffentlichen Dimension Stoffes begründet er damit, dass die private Katastrophe „für sich schon tragisch genug, und fähig genug sey, die ganze Seele zu erschüttern."[1] Über diese – nicht erhaltene – dreiaktige *Emilia Galotti* existieren nur vereinzelte Äußerungen von Zeitgenossen, die z. B. darauf hindeuten, dass die Rolle der Gräfin Orsina in ihr noch nicht enthalten oder zumindest nebensächlich war.

Als Bibliothekar in Wolfenbüttel griff Lessing den Stoff erneut auf. Anlass war – neben der bevorstehenden Herausgabe seiner Werke durch den Verleger Voß – der Geburtstag der Braunschweiger Herzoginmutter am 10. März 1772. Während bereits die Proben stattfanden, fehlte noch der letzte Akt des Stücks, der Lessing mehr Zeit kostete als geplant. Denn in ihm konzentriert sich die ganze Problematik des Dramas und seiner Umsetzung auf dem Theater. Lessing war sich der Qualität seines Stückes bis zuletzt nicht sicher und hatte Bedenken, was dessen Wirkung auf das höfische Publikum betraf. Der Premiere blieb er, angeblich wegen starker Zahnschmerzen, fern. Schon bald nach den ersten Aufführungen kursierten Gerüchte, Lessing wolle den Schluss der *Emilia* abändern, was dieser aber entschieden zurückwies.

Inhaltsangabe

Die einzelnen Aufzüge und Auftritte sind zur besseren Orientierung mit Überschriften versehen worden. Die Seitenangaben (in Klammern) beziehen sich auf die Reclam-Ausgabe (vgl. *Literaturverzeichnis*).

I. Aufzug: Die höfische Welt des Prinzen Hettore
(S. 5–18)

I,1–I,3: Der Prinz zwischen Regierungsgeschäften und Privatleben
(S. 5–7)

Schauplatz des ersten Aufzugs ist das Kabinett (Arbeitszimmer) des Prinzen Hettore Gonzaga von Guastalla. Bei der Durchsicht von Briefen stößt der Prinz auf die Bittschrift einer Emilia Bruneschi und bewilligt deren Anliegen, weil ihn der Name an Emilia Galotti erinnert. Dadurch in Unruhe versetzt, will er sich durch eine Ausfahrt ablenken. Ein weiterer Brief trifft ein, diesmal von der Gräfin Orsina, die in der Residenzstadt eingetroffen ist. Es handelt sich um eine frühere Geliebte des Prinzen, für die Hettore offenbar nichts mehr empfindet, denn er wirft ihren Brief ungelesen weg. (I,1)

Der Maler Conti kündigt ein Porträt der Gräfin Orsina an, das er im Auftrag des Prinzen angefertigt hat. Ein zweites, von Hettore nicht bestelltes Bild wartet ebenfalls im Vorzimmer. (I,2)

Während die Bilder geholt werden, versucht der Prinz seine Gedanken und Gefühle in einem inneren Monolog zu ordnen. (I,3)

I,4–I,5: Die beiden Porträts (S. 7–11)

Der Prinz und Conti unterhalten sich über die beiden Gemälde. Während der Maler kunsttheoretische Überlegungen äußert, lässt sich der Prinz bei der Betrachtung ganz von Gefühlen leiten. Daher wird Orsinas Bild nur kurz abgehandelt – Hettore empfindet nichts mehr für sie. Dagegen begeistert ihn das Porträt der Emilia Galotti – es entspricht voll und ganz seiner „Fantasie". Man erfährt nun mehr über jene Emilia: Hettore hatte sie auf einer Abendgesellschaft getroffen und später mehrmals in der Kirche gesehen; ihren Vater Odoardo charakterisiert er als aufrechten Menschen. Ganz in die Betrachtung des Bildes versunken, hört er Contis Ausführungen über das Verhältnis von Kunst und Natur bzw. Realität nicht zu. Den Prinzen interessiert weniger das Kunstwerk als die dargestellte Person, deren Schönheit der Maler beurteilen soll; dieser gerät ins Schwärmen über Emilias Erscheinung. Beiläufig lässt er Hettore wissen, dass es sich bei dem Porträt um eine Kopie handelt und das Original sich im Besitz Odoardos befindet. Die Kopie erhält der Prinz, der es Conti großzügig überlässt, für beide Bilder einen Preis festzusetzen. Während er sich so als Förderer der schönen Künste aufspielt, will er in Wahrheit Emilia – zwar vorläufig nur das Abbild – ‚besitzen'. Ihr Porträt soll daher nicht – wie das der Gräfin – in der Galerie aufgehängt werden, sondern in seinem Kabinett bleiben. (I,4)

Dieser Besitzanspruch wird im Monolog des Prinzen – eigentlich einem ‚Dialog mit dem Porträt' – vollends deutlich. Durch seine intensive Betrachtung scheint er das Bild zum Leben erwecken zu wollen. Dabei stört ihn die Ankunft seines Kammerherrn Marinelli. (I,5)

I,6: Der Prinz in der Hand Marinellis. Ein Anschlag wird geplant (S. 11–17)

Marinelli berichtet seinem Herrn zunächst von der Gräfin Orsina. Er durchschaut, dass der Prinz seine nahe Vermählung mit einer Prinzessin von Massa als Vorwand benutzen will, um die Beziehung zur Gräfin zu lösen. Diese könne sich – so Marinellis Information – durchaus vorstellen, auch weiterhin seine Geliebte zu sein, fürchte aber, dass der Prinz inzwischen eine neue Liebesbeziehung eingegangen sei. Auf Marinellis mitleidlose Bemerkung über eine vor Liebeskummer fast schon wahnsinnige Orsina antwortet Hettore zynisch, sie hätte früher oder später ohnehin den Verstand verloren.

Nun folgt ein entscheidender Themenwechsel: Marinelli berichtet von der kurz bevorstehenden Heirat des Grafen Appiani. Der Prinz scheint den Grafen zu beneiden und bedauert, ihn nicht an sich binden zu können. Marinellis ironische Darstellung der ländlichen Lebensweise Appianis weist er scharf zurück. Die wichtigste Information – um wen es sich nämlich bei der künftigen Gräfin Appiani handelt – zögert der Kammerherr bewusst hinaus. Als der Name ‚Emilia Galotti‘ fällt, will Hettore zunächst nicht glauben, dass die von ihm verehrte Emilia gemeint ist. Nach weiteren genauen Angaben muss er die Wahrheit akzeptieren und erfährt zugleich zu seinem Entsetzen, die Vermählung werde noch heute auf Odoardos Landgut in Sabionetta stattfinden. Er gesteht nun Marinelli offen seine Leidenschaft und wirft ihm zugleich vor, ihn nicht rechtzeitig über den Gang der Dinge informiert zu haben. Doch dieser gibt sich unwissend und antwortet ebenfalls mit Vorwürfen.

In seiner Verzweiflung bittet der Prinz Marinelli dringend um Hilfe. Sarkastisch rät ihm der Kammerherr zunächst, der neuen Gräfin Appiani den Hof zu machen. Auf Hettores Versicherung hin, ihm völlig „freie Hand“ zu lassen, rückt er nach und nach mit Andeutungen heraus. Man kann vermuten, dass er Appiani wegen der bevorstehenden Hochzeit des Prinzen nach Massa schicken und Emilia Galotti auf das Lustschloss Dosalo entführen lassen will, wenn sie dort auf der Fahrt nach Sabionetta vorbeikommen wird.

I,7: Ein verhängnisvoller Entschluss des ungeduldigen Prinzen (S. 17)

Nach dem Abtreten Marinellis zeigt ein weiterer Monolog den Prinzen erneut in großer Unruhe: Er beschließt Emilias Bild nicht mehr zu betrachten und bereut seine „Untätigkeit": Anstatt sich ausschließlich auf Marinelli zu verlassen, plant er eine Begegnung mit Emilia, die um diese Zeit immer zur Messe geht. Eilig bestellt er eine Kutsche, muss aber vor der Abfahrt noch einen seiner Berater, Camillo Rota, abfertigen.

I,8: Ein Einblick in die Regierungspraxis des Prinzen (S. 18)

Hettores Nervosität und Gedankenlosigkeit werden an seinem Umgang mit wichtigen Amtsgeschäften deutlich. Die Angelegenheit der Emilia Bruneschi ist ihm ebenso gleichgültig wie ein Todesurteil, das er schnell unterschreiben will. Rota reagiert geistesgegenwärtig und gibt vor, das Schriftstück vergessen zu haben. Das „Recht gern" des Prinzen, der sich leichtfertig über menschliche Schicksale hinwegsetzt, macht ihn betroffen.

Prinz Hettore (Steffen Schreier) mit dem Bild Emilias. Inszenierung von Astrid Jacob im Schauspielhaus des Rheinischen Landestheaters Neuss 2003. Foto: Alex Büttner

II. Aufzug: Die bürgerl. Gegenwelt der Familie Galotti
(S. 19–35)

II,1–II,2: Der Familienvater sieht nach dem Rechten (S. 19–20)

Der gesamte zweite Aufzug spielt im Stadthaus der Familie Galotti. Claudia, Emilias Mutter, erfährt im ersten Auftritt von dem Diener Pirro, dass ihr Gemahl Odoardo überraschend eingetroffen ist. (II,1)

Odoardo Galotti, am Tag der Hochzeit seiner Tochter in guter Laune, erkundigt sich nach Emilia, die er mit ihrer Garderobe beschäftigt glaubt. Als er von ihrem Kirchgang – ohne Begleitung – erfährt, ist er besorgt. Claudia gelingt es, ihn zu beruhigen. (II,2)

II,3: Zwei Komplizen und ein Überfall (S. 20–22)

Der Diener Pirro wird von seiner Vergangenheit eingeholt: Ein früherer Komplize namens Angelo taucht auf und will ihm Geld übergeben, die Beute aus einem Raubüberfall auf Pirros früheren Herrn; zunächst verhält dieser sich abweisend, nimmt die Summe dann aber an. Scheinbar beiläufig bringt Angelo die Sprache auf die geplante Fahrt Appianis mit Emilia und ihrer Mutter zu Odoardo nach Sabionetta. Von Pirro will er Einzelheiten erfahren, was auf einen Anschlag hindeutet. Diesmal handelt es sich jedoch nicht um einen weiteren Raubüberfall, sondern um Emilias Entführung.

II,4: Odoardos Lebensphilosophie (S. 22–24)

Odoardo ist verärgert und zugleich besorgt, weil Emilia auf sich warten lässt. Er steht unter Zeitdruck, da er dem Grafen noch einen Besuch abstatten will. Im Unterschied zu Claudia, die den Verlust ihrer einzigen Tochter beklagt, kann er die Hochzeit kaum erwarten, denn Appiani ist für ihn ein idealer Schwiegersohn: Dessen Entschluss, sich vom Hof fernzuhalten, entspricht der von ihm bevorzugten Lebensform. Dagegen erregt Claudias Vorliebe für das städtische Leben seinen „Argwohn". Doch Claudia weist ihn darauf hin, dass Emilia ihren zukünftigen Mann nur hier finden konnte. Ihr Einwand überzeugt Odoardo indessen nicht, der seine Kritik am höfischen Leben noch verschärft. Diese Kritik hat einen persönlichen Hintergrund, denn er glaubt, dass der Prinz ihn hasst und Appiani sich durch die Vermählung mit Emilia vollends bei ihm unbeliebt machen werde. Claudia will solche düsteren Vermutungen entkräften, indem sie auf Hettores galantes Verhalten gegenüber ihrer Tochter verweist. Sie erreicht jedoch das Gegenteil, denn Odoardo ist entsetzt: Seine Tochter „wäre der Ort", wo er „am tödlichsten zu verwunden" ist.

II,5: Claudias Kritik an Odoardo (S. 24)

Ein kurzer Monolog zeigt Claudias kritische Distanz gegenüber ihrem Mann: Odoardo ist für sie ein ebenso tugendhafter wie übertrieben ängstlicher Mensch, der nur seine eigene Situation im Blick habe: Wenn sich der Prinz für seine Tochter interessiere, begreife er das sofort als Angriff auf ihn selbst.

II,6: Emilias Bericht über die Nachstellungen des Prinzen (S. 24–28)

Völlig verwirrt trifft Emilia in ihrem Elternhaus ein. Erst nach einem aufgeregten Wortwechsel mit ihrer Mutter ist sie in der Lage, über ihre Begegnung mit dem Prinzen zu berichten: Während der Andacht habe er dicht hinter ihr Platz genommen – erkannt habe sie ihn erst später. Claudia ist über Odoardos Abwesenheit froh, denn sie fürchtet seine „Wut". Emilia berichtet weiter von ihrer Flucht aus der Kirche, der Verfolgung durch Hettore und einem kurzen Wortwechsel in der Vorhalle, an den sie sich in ihrer Verwirrung nicht mehr erinnern kann. Sie fühlt sich verpflichtet, Appiani über alles zu informieren – eine Absicht, die auf Claudias entschiedenen Widerstand stößt: Das wäre „Gift" für ihren Verlobten. Obgleich Emilia einwendet, Appiani könnte sich hintergangen fühlen, fügt sie sich schließlich in den Willen ihrer Mutter. Ihr Gehorsam scheint sie zu beruhigen, sie betrachtet ihr Verhalten nun mit kritischer Distanz. Claudia bestätigt ihre Selbsteinschätzung und spielt auf die Unerfahrenheit ihrer Tochter an: Die galante Sprache des Hofes sei ihr eben fremd.

II,7: Das Brautpaar vor der Hochzeit (S. 28–30)

In sich gekehrt trifft Graf Appiani ein. Emilia widmet er zunächst wenig Aufmerksamkeit. Voller Bewunderung äußert er sich über ihren Vater – erst dann geht er auf seine künftige Ehefrau ein. Emilias Kirchgang, von dem ihm Odoardo berichtet hat, beweist ihm, dass er eine „fromme Frau" heiraten wird. Dass sie ihr Hochzeitskleid noch nicht trägt, ist ihm dagegen entgangen – Äußerlichkeiten bedeuten ihm angesichts ihrer Schönheit nicht viel. Auch Emilia zieht eine schlichte Garderobe vor, zumal sie einen Traum hatte, in dem sich die „kostbaren Steine" des Grafen in „Perlen" verwandelten, die „Tränen" bedeuten würden. Appiani wiederholt ihre Worte, doch Emilia bringt ihn auf andere Gedanken: Ihr Hochzeitskleid werde dem Kleid gleichen, das sie bei ihrer ersten Begegnung mit Appiani trug, und ihr Haar solle – wie damals – eine „Rose" schmücken.

II,8: Appiani in wechselhafter Stimmung (S. 30–31)

Allein mit Claudia, nimmt der Graf die Symbolik von Perlen und Tränen erneut auf und äußert schwermütige Gedanken. Claudias Vermutung, er bereue womöglich schon seinen Entschluss zur Heirat, weist er entschieden zurück; seine melancholische Stimmung wisse er sich selbst nicht zu erklären. Vielleicht liege es an seinen Freunden, die von ihm eine Mitteilung seiner Heirat an den Prinzen erwarteten. Er habe leider eingewilligt und wolle nun Hettore aufsuchen.

II,9–II,11: Der Graf lehnt einen Auftrag des Prinzen ab (S. 31–35)

Pirro meldet Marinelli, der den Grafen sprechen wolle. Claudia zieht sich nach dem Eintreffen des Kammerherrn zurück. (II,9)

Marinelli kommt im Auftrag des Prinzen und bringt – nach einigen Höflichkeitsfloskeln – dessen Anliegen zur Sprache: Appiani solle als Bevollmächtigter nach Massa reisen. Appiani ist erstaunt über einen solch unerwarteten Auftrag. Sein Misstrauen wächst, als Marinelli von „Freundschaft" zwischen ihnen spricht. Entscheidend ist nun, dass Appiani sofort – also am Tag seiner geplanten Hochzeit – abreisen soll. Seine Ablehnung lässt Marinelli nicht gelten, da der „Befehl des Herrn" stets Vorrang habe. Appiani dagegen beruft sich auf seine Stellung als „Freiwilliger" am Hof des Prinzen. Marinelli lenkt das Gespräch nun auf die Person der Braut und verletzt den Grafen mit der Bemerkung, dass man im Falle Emilias mit der „Zeremonie" warten könne; damit spielt er auf die unstandesgemäße Heirat des Grafen mit einer Tochter aus bürgerlichem Hause an. Entrüstet beschimpft ihn Appiani, und Marinelli lässt sich zu einer Duellforderung hinreißen, die er – unter dem Vorwand des Hochzeitstages – aber sogleich verschiebt. Als der Graf auf einer schnellen Durchführung besteht, geht er eilig ab. (II,10)

Nach dem heftigen Streit fühlt sich Appiani besser und sieht nun, wie er Claudia mitteilt, keinen Anlass mehr, den Prinzen aufzusuchen. Er will nun früher abreisen. (II,11)

Claudia (Bettina Franke) und Emilia (Solveig August). „Emilia Galotti" in der Inszenierung von Peter Schroth am Badischen Staatstheater 2001. © www.klenkjo.de

III. Aufzug: Die Konfrontation der beiden Welten
(S. 36–48)

III,1: Der Prinz erfährt von einem Anschlag – der bereits stattfindet!
(S. 36–39)

Vom dritten Aufzug an bis zum Ende des Dramas spielt die Handlung in einem Saal von Hettores Lustschloss Dosalo.

In III,1 geht es in einem Gespräch zwischen dem Prinzen und Marinelli zunächst um den gescheiterten Plan, Appiani nach Massa zu beordern. Hettore beschimpft Marinelli, dieser versucht ihn dagegen zu beeindrucken, indem er von seiner ‚mutigen' Duellforderung berichtet. Doch der Prinz erkennt die Hochstapelei seines Kammerherrn schnell. Marinelli verlässt das für ihn peinliche Thema und erkundigt sich nach den Erfolgen seines Gebieters bei Emilia Galotti, der vorgibt, dass ihm die junge Frau entgegengekommen sei. Anscheinend braucht er nun keine Hilfe mehr und will Marinelli wegschicken. Dieser aber bleibt und kommt nun detailliert auf Emilias Entführung zu sprechen. Gerade als Hettore ihm versichert, dass er für mögliche „Unglücksfälle" nicht zur Verantwortung gezogen würde, fällt in der Ferne ein Schuss: Die Entführung ist bereits in vollem Gang! Marinelli erklärt die näheren Umstände: Der Wagen Appianis werde von einigen Banditen überfallen, während eine zweite Gruppe die Retter spiele. Hettore reagiert besorgt auf diese Offenbarungen.

III,2: Angelos Augenzeugenbericht: Der Überfall (S. 39–40)

Vom Fenster aus beobachtet Marinelli, wie der überfallene Wagen langsam nach der Stadt zurückkehrt, und befürchtet, dass Appiani nicht getötet, sondern nur verwundet wurde. Doch das Verhalten Angelos, der kurz darauf im Schloss eintrifft, beruhigt ihn wieder. Allerdings hat nicht nur der Graf sein Leben verloren, sondern auch Nicolo, einer der Banditen, dessen Anteil Angelo nun zufällt. Nun will er heute noch das Land verlassen.

III,3: Hettores Nervosität (S. 40–41)

Der Prinz beobachtet, wie Emilia auf das Schloss zueilt. Er ist verunsichert, da ihre Mutter und Appiani doch bestimmt nachkommen würden. Marinelli weiß darauf keine Antwort und rät ihm zu einem galanten Verhalten, denn dadurch könne er Emilia als Liebhaber beeindrucken. Nun muss ihm der Prinz gestehen, dass er bei der Begegnung in der Kirche keinen Erfolg hatte, Emilia vielmehr entsetzt reagierte. Daher will er bei ihrer Ankunft nicht zugegen sein und beobachten, wie sie auf Marinelli reagiert.

III,4: Emilia auf Schloss Dosalo (S. 41–43)

Bevor Emilia eintritt, zieht sich Marinelli zurück. Sie erscheint atemlos mit dem Diener Battista. Ihr ist weder klar, wo sie sich befindet, noch weiß sie, was mit ihrer Mutter und dem Grafen passiert ist; sie vermutet, dass eine dieser Personen erschossen wurde. Als Battista sie suchen und Emilia ihm folgen will, tritt Marinelli hervor. Die junge Frau glaubt, dass sie sich bei dem Kammerherrn befindet, und berichtet aufgeregt, wie sie das Geschehen erlebt hat. Marinelli beruhigt sie und versichert ihr, dass sie ihre Lieben bald sehen werde; zunächst solle Emilia sich erholen, der Prinz werde sich schon um ihre Mutter kümmern. Emilia ist bestürzt, als sie den Namen des Prinzen hört, und erfährt nun, dass sie sich auf Dosalo befindet. Die wahren Zusammenhänge nicht durchschauend, begreift sie dies immer noch als „Zufall". Marinelli indessen verschleiert das Verbrechen, indem er Hettore als Rächer darstellt, der die Verbrecher bestrafen werde.

III,5: In der Gewalt des Prinzen (S. 43–44)

Hettore kommt hinzu und versichert der verängstigten Emilia, dass der Graf und ihre Mutter bald eintreffen werden. Es gelingt ihm aber nicht, sie zu beruhigen; er vermutet nun, Emilia hege einen „Verdacht" gegen ihn. Er entschuldigt sich daher ausführlich für sein Verhalten in der Kirche und verlangt zugleich, Emilia solle ihr Misstrauen aufgeben. Dass er sie dann „nicht ohne Sträuben" abführt, straft seine Worte Lügen. Marinelli versteht die Aufforderung, den beiden zu folgen, richtig: Er bleibt zurück, damit der Prinz bei seinen Verführungsversuchen nicht gestört wird.

III,6: Emilias Mutter wird mit Besorgnis erwartet (S. 45)

Battista kündigt Marinelli das Eintreffen Claudia Galottis an, die mit lautem „Geschrei" nach ihrer Tochter suche. Der Kammerherr überlegt, was zu tun sei. Claudia werde bestimmt erstaunt sein, ihre Tochter beim Prinzen anzutreffen; doch werde ihr das vielleicht auch gefallen. Bei allem Zynismus ist ihm aber klar, dass die aufgeregte Mutter für Hettore gefährlich werden kann.

III,7–III,8: Claudia durchschaut die Intrige (S. 45–48)

In Battista erkennt Claudia denjenigen wieder, der Emilia fortgeführt hat. Auf die Frage nach dem Verbleib ihrer Tochter verweist sie der Diener auf seinen Herrn, der sie zu ihr bringen werde. Neugierige, die mit Claudia eingetroffen sind, weist er zurück. (III,7)

Entsetzt erblickt Claudia Marinelli: Ihr fällt ein, dass er sich mit dem Grafen gestritten hatte; sie bringt diese Auseinandersetzung in Verbindung mit der Tatsache, dass der Name Marinellis „das letzte Wort" des sterbenden Appiani war. Indem er sich als dessen Freund ausgibt, versucht der Kammerherr ihrem Verdacht zu begegnen. Doch dieses letzte Wort, so Claudia, wurde in einem Ton ausgesprochen, der auf die Wahrheit hindeutet: Nicht „Räuber", sondern „erkaufte Mörder" hätten sie überfallen. Scharfsinnig durchschaut Claudia den inszenierten Anschlag und Marinellis Rolle dabei. Als sie erfährt, dass Emilia beim Prinzen ist, bestätigen sich ihre schlimmsten Erwartungen; zugleich fürchtet sie den heftigen Zorn ihres Mannes. Wütend beschimpft sie den Prinzen, dessen Verbrechen ihr nun deutlich vor Augen steht. Marinelli rät ihr zur Mäßigung, doch Claudia eilt, als sie Emilias Stimme hört, in das Nebenzimmer. Marinelli folgt ihr. (III,8)

IV. Aufzug: Die Aufdeckung des Verbrechens
(S. 49–66)

IV,1: Ein Schlagabtausch zwischen dem Prinzen u. Marinelli (S. 49–52)
Der Prinz und Marinelli befinden sich wieder im Saal und rekapitulieren die Begegnung zwischen Mutter und Tochter. Während Marinelli meint, der Anblick Hettores habe Claudia „zahm" gemacht, widerspricht dieser ihm: Ihre Wut sei vielmehr vergangen, weil Emilia ihr „ohnmächtig in die Arme" gestürzt sei. Bemerkungen Claudias hat er entnommen, dass der Graf tot sei. Dies versetzt ihn in Aufregung, doch fühlt er selbst sich unschuldig. Marinelli macht er deswegen heftige Vorwürfe, die jener von sich weist. Um seine Unschuld vollends zu beweisen, kommt er auf die ausstehende Duellforderung zu sprechen, die nun bedauerlicherweise nicht mehr eingelöst werden könne. Hettore lenkt ein und will an einen „Zufall" glauben. Für ihn stellt sich aber die Frage, ob auch Emilia und ihre Mutter so reagieren werden. Marinelli hält dies für unwahrscheinlich, was den Prinzen zu der resignierten Einsicht führt, dass er als angeblicher Anstifter nun auf Emilia verzichten müsse. Ihm wäre in jedem Fall nichts anderes übrig geblieben, meint Marinelli gleichgültig. Erneute Vorwürfe Hettores sind die Folge: Gegen ein „kleines" Verbrechen habe er nichts einzuwenden, der Mord an Appiani ist für ihn jedoch das Gegenteil davon: Dieses Verbrechen werde man ihm zuschreiben, obgleich er nichts damit zu tun habe. Marinelli erwidert, dass der Prinz selber schuld sei, wenn ihn ein Verdacht treffe: Er meint damit das ungeschickte Verhalten Hettores in der Kirche, durch das sein Plan untergraben worden sei. Betroffen muss Hettore ihm Recht geben.

IV,2–IV,3: Orsinas großer Auftritt (S. 52–56)
Völlig überraschend wird die ehemalige Geliebte des Prinzen angekündigt. In großer Aufregung wendet sich Hettore Hilfe

suchend an Marinelli, der Orsina empfangen will. Im Nebenzimmer könne sein Gebieter, so Marinelli, zuhören. (IV,2)

Bei ihrem Eintreten zeigt sich die Gräfin enttäuscht, nicht
angemessen empfangen zu werden. Auf Marinelli reagiert sie
gereizt und erkundigt sich sofort nach dem Prinzen. Sie habe ihn
brieflich um ein Treffen gebeten und seine Abreise nach Dosalo
als Antwort verstanden. Marinelli bezeichnet dies als „Zufall";
doch die Gräfin verlangt nun zornig vorgelassen zu werden. Erst
Marinellis Auskunft, der Prinz erwarte sie nicht und habe ihren
Brief nicht gelesen, kann sie aufhalten. Ihr ist klar, dass sie nicht
mehr geliebt wird, kann sich dies jedoch nur mit „Gleichgültigkeit", nicht jedoch mit „Verachtung" erklären. Marinelli geht
sogleich auf ihre Worte ein und wird beschimpft: Denn „Gleichgültigkeit" sei ein leeres Wort. Auf solche Spekulationen will
sich der Kammerherr nicht einlassen und bezeichnet die Gräfin
ironisch als „Philosophin". Orsina akzeptiert diese Einschätzung:
Der Prinz könne unmöglich eine intelligente Frau lieben. Im weiteren Verlauf des Gesprächs philosophiert sie über den „Zufall":
Für sie ist die Tatsache, dass Hettore auch ohne Kenntnis ihres
Briefes nach Dosalo gekommen ist, kein Zufall, sondern Vorsehung. Daher will sie ihn nun endlich sprechen. (IV,3)

IV,4–IV,5: Die beleidigte Gräfin zeigt Scharfsinn (S. 57–60)
Angesichts der Aufdringlichkeit Orsinas sieht sich der Prinz
gezwungen, Marinelli zu helfen. Den Saal durchquerend teilt er
der Gräfin beiläufig mit, er habe Besuch und sei beschäftigt,
weswegen er sie diesmal nicht empfangen könne. (IV,4)

Orsina ist bestürzt darüber und will von Marinelli wissen, um
wen es sich bei dem Besuch handle. Sie erfährt von der Rettung
der Braut Appianis und der Mutter. Als der Name Emilias fällt,
verliert Orsina die Beherrschung; einige Anspielungen lassen vermuten, dass sie die Zusammenhänge spontan durchschaut hat.
Sie hält Marinelli für den Intriganten und den Prinzen für den

„Mörder" des Grafen. Ihren Verdacht begründet sie mit der Begegnung zwischen Emilia und Hettore in der Kirche; „Kundschafter" hätten ihr nicht nur den Sachverhalt, sondern auch den Inhalt des Gesprächs zwischen beiden zugetragen – den Rest könne sie sich zusammenreimen. Ihr Wissen wolle sie morgen „auf dem Markt ausrufen". Mit dieser Drohung will sie das Schloss verlassen, begegnet dann aber Odoardo Galotti. (IV,5)

IV,6: Odoardo Galotti trifft ein (S. 60–61)

Odoardo versucht sein plötzliches Erscheinen mit höflichen Worten zu entschuldigen. Als Orsina hört, um wen es sich handelt, kehrt sie in den Saal zurück. Marinelli verhindert eine sofortige Begegnung zwischen Hettore und Odoardo mit dem Hinweis auf das distanzierte Verhältnis zwischen beiden. Da die Gräfin Dosalo nicht verlassen will, flüstert Marinelli dem alten Galotti ins Ohr, sie sei nicht ganz bei „Verstand".

IV,7: Odoardo im Banne Orsinas. Der Dolch der Gräfin (S. 62–64)

Mit einer Reihe von Anspielungen versetzt die Gräfin Emilias Vater in Unruhe, der vorläufig noch den Worten Marinellis über Orsinas Zustand glaubt. Bald bemerkt er jedoch, dass die Gräfin keine „Wahnwitzige" ist. Orsina weist diese Charakterisierung aber gar nicht zurück, denn: „Wer über gewissen Dingen den Verstand nicht verliert, der hat keinen zu verlieren." Über diese ‚Dinge' informiert sie Odoardo nun schonungslos: Er wird über Appianis Tod und die Situation seiner Tochter informiert, die „schlimmer als tot" sei. Diese Mitteilungen sind „Gift" für den Vater, das sich weiter in ihm ausbreitet, als Orsina einen Zusammenhang zwischen der Begegnung in der Kirche und der jetzigen Situation herstellt: Emilia befindet sich ihrer Ansicht nach freiwillig auf Dosalo und es handle sich nicht um „gewaltsame Entführung", sondern um hinterhältigen Mord. Odoardo weist diese Anschuldigung Emilias entrüstet zurück. Hilflos bemerkt er, dass er unbewaffnet ist. Da überreicht ihm Orsina einen Dolch und behält das Gift, das sie ebenfalls mitgebracht hat, für sich. Ihre weiteren Worte sind geeignet, Odoardos Hass auf den Prinzen noch zu steigern: Beide seien sie von ihm beleidigt worden, sie selbst aber noch weit mehr als Emilias Vater. Sie offenbart ihm nun ihre Identität und Situation als verlassene Geliebte und prophezeit Odoardos Tochter das gleiche Schicksal.

IV,8: Begegnung und erneute Trennung der Galottis (S. 65–66)
Die Ankunft ihres Mannes ist Claudia nicht verborgen geblieben: Auf ihn zueilend versichert sie Odoardo ihre eigene und Emilias Unschuld. Orsina triumphiert, als die Überprüfung ihrer Angaben – hinsichtlich Appianis Tod und der Begegnung in der Kirche – deren Wahrheit ergibt. Odoardo zwingt sich zur Ruhe und erkundigt sich misstrauisch nach Emilias Verhalten. Claudia beruhigt ihn: Seine Tochter sei gefasst und behandle den Prinzen in jeder Hinsicht abweisend. Sie drängt zum Aufbruch, doch Odoardo will zurückbleiben und vertraut seine Frau der Gräfin an.

Marinelli (Roland Koch) und Hettore (Sven-Eric Bechtolf). „Emilia Galotti" in der Inszenierung von Andrea Breth am Akademietheater Wien 2002. Foto: Bernd Uhlig

V. Aufzug: Der Tod der Emilia (S. 67–79)

V,1: Marinelli plant eine neue Intrige (S. 67–68)

Marinelli und der Prinz beobachten Odoardo, der die gerade abgereisten Frauen begleitet hat. Der Kammerherr ist der Auffassung, dass Emilias Vater sich so verhalten wird, wie man es von einem Untertan erwarten kann: Er werde mit seiner Tochter in die Stadt zurückkehren und dort weitere Anordnungen abwarten. Der Prinz ist sich dagegen nicht sicher, ob Odoardo wirklich so „zahm" ist: Könnte er nicht Emilia „gar in ein Kloster" bringen? Marinelli versucht diese Sorgen zu zerstreuen und überlegt sich bereits eine neue Intrige, die er Hettore erläutern will.

V,2: Odoardo ersinnt eine ‚Strafe' für den Prinzen (S. 68)

In einem Monolog überdenkt Odoardo seine Situation und sein weiteres Handeln. Aus dem Abstand heraus wird ihm klar, dass er sich von der Gräfin auf Ideen hat bringen lassen, aus denen die „Rache des Lasters" spreche. Was aber die Tugend Emilias und die Ermordung Appianis betrifft, so will er die Vergeltung getrost Gott überlassen. Ihm selbst genügt es vorläufig, wenn er seine Tochter aus der Gewalt des Prinzen befreien kann. Als ‚Strafe' für Hettore entwirft er eine schreckliche Traumvision.

V,3: Marinelli scheitert an Odoardos Haltung (S. 68–70)

Dem zurückkehrenden Marinelli teilt Odoardo mit, dass er nun mit Emilia abfahren wolle. Marinelli versichert, der Prinz hätte Mutter und Tochter gerne nach Guastalla gebracht, doch Odoardo weist diesen Vorschlag hinsichtlich Emilias scharf zurück: Diese habe nun, da Appiani tot sei, in der Stadt nichts mehr zu suchen. Seinen entschiedenen Worten ist Marinelli nicht gewachsen. Er zweifelt das Recht Odoardos, über seine Tochter zu bestimmen, nicht an, macht aber geltend, dass Emilia wenigstens vorläufig nach Guastalla gebracht werden müsse. Auf erneuten Widerstand stoßend, zieht er sich zurück, um den Prinzen zu holen, der entscheiden solle.

V,4: Odoardo zwischen Zorn und Selbstkritik (S. 70)

In einem zweiten Monolog überdenkt Odoardo die veränderte Lage und seine Handlungsmöglichkeiten. Die Vermutung, dass man ihn von Emilia trennen wolle, macht ihn so zornig, dass er eine Auseinandersetzung mit Hettore nicht zu scheuen scheint. Dieser Rückfall in Rachegedanken hält jedoch nicht lange an. Odoardo korrigiert sich selbst, indem er an seinen „Verstand" appelliert. Er hätte Marinelli ausreden lassen sollen, um auf eine mögliche Intrige besser vorbereitet zu sein.

V,5: Emilias Vater muss sich geschlagen geben (S. 70–75)

Nach formelhaften Höflichkeiten kommt der Prinz schnell zur Sache: Seine Absicht sei es gewesen, Mutter und Tochter „im Triumphe" nach Hause zu begleiten. Odoardo aber möchte seiner Tochter alles Aufsehen ersparen. Als Hettore seinen Schutz verspricht, wird er deutlicher: Er wolle – wie der Prinz schon vermutet hatte – seine Tochter in ein Kloster bringen. Da Hettore zunächst nachzugeben scheint, wendet sich Odoardo triumphierend an Marinelli. Der Kammerherr spielt nun seine verabredete Rolle und widerspricht der „Güte des Fürsten" mit angeblich einleuchtenden Gründen: Seiner Freundschaft zu Appiani wegen müsse er für eine gerechte Bestrafung der wahren Mörder sorgen. Denn es gebe einen Verdacht, dass nicht „Räuber" den Grafen auf dem Gewissen haben, sondern womöglich ein „Nebenbuhler" um die Liebe Emilias im Spiel sei, der sich – wie Gerüchte besagten – ihrer Gunst erfreue. Er selbst, so Marinelli, glaube zwar nicht daran, doch halte er eine genaue Aufklärung für unumgänglich. Während der Prinz nun scheinheilig zustimmt, hat Odoardo die Intrige längst durchschaut, gegen die er sich nicht zur Wehr setzen kann. Jedoch besteht er darauf, dass Emilia unter seiner Aufsicht verbleibt. Diese Absicht durchkreuzt Marinelli, indem er es für notwendig hält, die junge Frau in eine „besondere Verwahrung" zu bringen, denn nur dort könne ein so wichtiges Verhör durchgeführt werden. Durch diese Bemerkungen aufs Äußerste gereizt, will Odoardo schon den Dolch der Orsina zücken, besinnt sich aber sofort wieder. Der Prinz versucht ihn mit der Versicherung zu beruhigen, dass er Emilia ja nicht einkerkern wolle. Doch Odoardo würde selbst diese Möglichkeit noch jener vorziehen, die Hettore dann in Aussicht stellt: Im Hause seines Kanzlers Grimaldi solle Emilia untergebracht werden, an einem Ort also, der für Odoardo ein Inbegriff höfisch-galanter Vergnügungen zu sein scheint. Da er ihn nicht überreden kann, bestimmt der Prinz schließlich, was zu geschehen hat. Odoardo, der mit seinen Möglichkeiten am Ende ist, bringt nur noch eine Bitte vor, die ihm gewährt wird: Er möchte seine Tochter unter vier Augen sprechen.

V,6: Der innere Konflikt Odoardos (S. 75)

In einem dritten und letzten Monolog versucht Odoardo das Geschehen zu verkraften und seine Schlussfolgerungen zu ziehen, was ihm allerdings nicht mehr gelingen will. Von Emilias Unschuld scheint er immer noch nicht überzeugt zu sein; so stellt sich ihm die Frage, ob sie es eigentlich „wert" sei, was er „für sie tun" will. Diese Frage weist auf sein unausgesprochenes Vorhaben – die Tötung der eigenen Tochter – hin und bewirkt, dass er vor sich selbst erschrickt und fliehen will: Emilias Rettung stellt er Gott anheim. Doch er hört seine Tochter bereits kommen und schließt daraus, dass Gott seine „Hand" benötige.

V,7: Der Dolch der Orsina – ein Mittel der Konfliktlösung? (S. 75–78)

Odoardo wundert sich über Emilias Ruhe, die seine Tochter damit erklärt, dass ohnehin „alles verloren" sei. Ihre Vermutungen werden zur Gewissheit, als der Vater auf den Tod des Grafen anspielt. Nun will sie umgehend fliehen, doch Odoardo sieht darin keinen Ausweg, denn sie bliebe in jedem Falle in der Gewalt des Prinzen. Emilia ist empört über eine solche Auffassung: Aus ihren Worten sprechen Mut und Widerstandskraft, die Odoardo endlich von der Unschuld seiner Tochter überzeugen. Ihre Ruhe überträgt sich auf ihn, und so ist er in der Lage, Emilia von den Plänen des Prinzen zu berichten – aber auch von seiner ursprünglichen Absicht, Orsinas Dolch zu gebrauchen. Davon will sie nichts wissen – sie selbst will vielmehr durch den Dolch sterben, um ihre „Unschuld" zu retten. Für ihre „Sinne" könne sie nicht garantieren; gerade im Hause Grimaldi habe sie entsprechende Erfahrungen gemacht. Nach zwei weiteren Aufforderungen gibt Odoardo seiner Tochter schließlich den Dolch, entreißt ihn ihr aber wieder, als sie sich damit töten will. Nun greift Emilia nach einer Haarnadel, um die Tat zu vollbringen, löst dabei aber ihre Rose aus dem Haar: Diese passe nicht mehr zu „einer – wie mein Vater will, daß ich werden soll".

Angesichts dieser vollständigen Unterwerfung unter seinen Willen scheinen Odoardo die Worte zu fehlen. Emilia glaubt indessen zu erraten, was er im Sinn hat. Um ihn anzuspornen, erinnert sie ihn daran, dass schon einmal ein Vater die eigene Tochter vor der „Schande" gerettet habe, indem er sie tötete. Diese Anspielung auf die Geschichte der Römerin Virginia (vgl. *Interpretationshilfe,* S. 7 f.) gibt zusammen mit der resignierten Bemerkung, solche Väter gebe es nicht mehr, den Ausschlag: Das Gegenteil beweisend, ersticht Odoardo seine Tochter und ist sofort entsetzt über seine Tat. In bildhafter Rede und durch das Küssen der väterlichen Hand drückt Emilia ihre Dankbarkeit aus.

V,8: Emilias Tod. Die Frage nach Schuld und Strafe (S. 78–79)

Mit der schrecklichen Situation konfrontiert, ist Hettore entsetzt, während Marinelli schon die Konsequenzen für seine Person zu ahnen scheint. Odoardo antwortet auf die Frage des Prinzen, was er getan habe, mit den bildhaften Worten seiner Tochter. Kurz vor ihrem Tod will Emilia ihren Vater noch entlasten, indem sie die Tat auf sich nimmt, doch Odoardo weist eine solche Lüge zurück. Seine frühere Traumvision aufgreifend (vgl. V,2) fragt er den Prinzen, ob ihm Emilia in diesem Zustand noch gefalle. Er selbst wolle sich nicht umbringen, sondern der Gerichtsbarkeit Hettores ausliefern – dieser aber müsse sich einst vor Gott verantworten. Für kurze Zeit ist der Prinz wirklich erschüttert. Doch bald lenkt er seine aufgewühlten Emotionen auf Marinelli ab, dem er den Dolch entreißt, um ihn am Selbstmord zu hindern. Er befiehlt ihm, sich für immer aus seinem Gesichtskreis zu entfernen, und gibt sich – ohne jede Anerkennung der eigenen Schuld – dem Selbstmitleid hin.

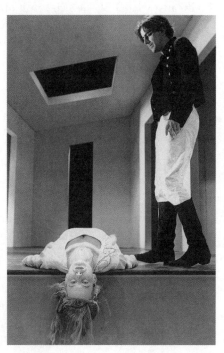

Emilia (Maria Scholz) und Hettore (Soeren Langfeld). „Emilia Galotti" in der Inszenierung von Petra Dannenhöfer am Theater der Freien Hansestadt Bremen 1990. Foto: Jörg Landsberg.

Textanalyse und Interpretation

1 Personen

Prinz Hettore

Der erste Aufzug des Trauerspiels enthält bereits ein vollständiges Charakterbild des Prinzen, das sich im weiteren Verlauf der Handlung bestätigt. Als **absoluter Herrscher** verfügt Hettore über das politische Machtmonopol in seinem Fürstentum. Umgeben ist er von höfischem Personal, dem – vom Kammerherrn bis zum Kammerdiener – die Aufgabe zukommt, seine Befehle auszuführen oder ihn im Bedarfsfalle zu beraten. Vom ersten Auftritt an ist dem Zuschauer klar, dass der Prinz der mit seiner Position verbundenen **Verantwortung nicht gerecht** wird. Nur flüchtig beschäftigt er sich mit den Schriftstücken, die sich auf seinem Schreibtisch häufen. Wo Konzentration geboten wäre, lässt er sich von einer bloßen Namensverwandtschaft („Emilia") in seinen Entscheidungen beeinflussen. Hettores Wunsch, den „schönen Morgen" zu genießen, gleicht einer Flucht aus dem „Kabinett": Person und Rolle befinden sich nicht in Übereinstimmung (S. 5).

Dem Maler Conti gegenüber gefällt sich der Prinz in der Rolle eines Förderers der schönen Künste: „in meinem Gebiete soll die Kunst nicht nach Brot gehen." (S. 11) Doch auch hier zeigt sich **zwischen Person und Rolle** ein **Zwiespalt**: Hettore hat keinen wirklichen Sachverstand und interessiert sich nicht für Contis kunsttheoretische Überlegungen. Als Werke ein und desselben Malers sind die Porträts, die dem Prinzen angeboten werden, gewiss von ähnlicher Qualität: Maßstäbe für ihre – gegensätzliche – Beurteilung leitet Hettore jedoch aus seinen ganz persönlichen

Empfindungen für die dargestellten Frauen ab. Nicht ästhetische Urteilskraft, sondern reine Willkür entscheidet (S. 7–11).

Hettores Befangenheit bei der Beurteilung der beiden Porträts deutet auf seine **Leidenschaft für Emilia Galotti** hin. Offenbar hat er sich in die Tochter des Oberst Galotti verliebt und möchte die Beziehung zu seiner ehemaligen Geliebten, der Gräfin Orsina, abbrechen.

Auffällig ist dabei die Stärke seiner Empfindungen für eine Frau, der er bisher nur flüchtig begegnet ist. Emilias äußere Erscheinung fasziniert ihn; der Maler hat sie so gut getroffen, dass ihr Porträt und Hettores „Phantasie" miteinander verschmelzen (S. 9). Schon hier erweist sich die junge Frau als Produkt der „Phantasie" des Prinzen, die durch das Gemälde gleichsam in Gang gesetzt wird. Sein Besitzanspruch auf das Bild erstreckt sich von Anfang an auf die Person selbst, die er ebenfalls ‚kaufen' möchte (S. 11). Was sich beim ‚Dialog mit dem Porträt' (I,5) schon symbolisch andeutet, soll Marinellis Plan verwirklichen: Die Verfügung über den weiblichen Körper, das Objekt seiner Begierde. Emilias Persönlichkeit, ihre Gedanken und Gefühle, bleiben dem Prinzen dagegen verschlossen bis zuletzt, als er voller „Entsetzen und Verzweiflung" ihren nunmehr leblosen „Körper" anstarrt (S. 79).

Die Entwicklung, die zum katastrophalen Schluss des Dramas führt, beginnt jedoch erst mit dem 6. Auftritt des ersten Aufzugs. Vorher erlebt man Hettore gewiss nicht als idealen Fürsten, sondern als **egozentrischen und begehrlichen Charakter**, der seiner staatsmännischen Verantwortung nicht gerecht wird. Doch wäre es nicht auszuschließen, dass die Leidenschaft des Prinzen sich in Liebe verwandelt und er unter dem Einfluss Emilias ein besserer Mensch wird. Ansätze dazu sind vorhanden: Das Leben am Hof scheint ihn anzuwidern (S. 14), während er **Appiani** um seinen Lebensstil und die Heirat mit einem Mädchen „ohne Vermögen, und ohne Rang" **beneidet**: So könne dieser sich den

„Eindrücken, die Unschuld und Schönheit auf ihn machen, ohne weitere Rücksicht" überlassen (S. 13). Einer solchen ‚Erziehung' Hettores durch „Unschuld und Schönheit" steht jedoch die geplante Hochzeit Emilias im Wege. Indem er nun, anstatt zu resignieren, an seiner Begierde festhält und Marinelli „freie Hand" lässt (S. 16), entsteht eine neue Situation: Er **missbraucht** seine politische **Macht**, um private Wünsche – letztlich seine sexuelle Lust – zu befriedigen. Auf diese Idee bringt ihn allerdings der Kammerherr, der Hettore an seine uneingeschränkte Gewalt erinnert. Eben weil der Prinz damit nicht vernünftig, wie es seine politische Rolle verlangen würde, umzugehen weiß, kann Marinelli die „Gewalt" an sich reißen; sie wird zur Intrige, die sich Hettores Kontrolle entzieht und – mit dem Tod Emilias – ungewollt seine Absichten durchkreuzt.

Die Intrige führt zu einem **Rollentausch** zwischen dem **Prinzen** und **Marinelli**: Dieser wird zum eigentlichen Herrn des Geschehens, während Hettores Abhängigkeit von ihm zunimmt. Ein letzter Versuch des Prinzen, eigenständig zu handeln und sich nicht völlig auf Marinelli zu verlassen, scheitert nicht nur kläglich, sondern hat verhängnisvolle Konsequenzen: Wie er Marinelli gegenüber schließlich bekennen muss, haben seine Annäherungsversuche bei Emilia nur „Angst" hervorgerufen (S. 41). Dass er damit die Intrige seines Kammerherrn „untergrub" (S. 52), wird ihm zu spät klar. ‚Untergraben' hat er aber von dem Moment an, als er Marinelli „freie Hand" gewährte (S. 16), auch seine Position als souveräner Herrscher. Indem er schließlich bereit ist, „Unglücksfälle" zu akzeptieren (S. 37 f.), gibt er endgültig seine Verantwortung für das Geschehen auf. Zu diesem Zeitpunkt hat er es allerdings, wie der hinter den Kulissen fallende Schuss signalisiert, schon gar nicht mehr unter Kontrolle. Die Ereignisse entfalten von nun an eine Eigendynamik, auf die Hettore nur noch reagieren kann. Mit den unmittelbaren Folgen der Intrige konfrontiert, verhält er sich ängstlich und unsicher: Er sucht Rat und Hilfe bei Marinelli, der nicht nur Emilia empfangen (S. 41–43), sondern sich auch mit ihrer Mutter abgeben (S. 46–48) und ihm Odoardo vorläufig vom Leib halten muss (S. 61); die unvermutet eintreffende Orsina soll er ebenfalls wegschicken (S. 53).

Die Tatsache, dass der Prinz sich auf Marinelli verlässt, zeugt jedoch nicht nur von einem mangelnden Talent zur Intrige. Hettore will sich vielmehr von Anfang an einen **Fluchtweg aus der persönlichen Verantwortung** offen halten; nur so kann er sich letztlich als den Betrogenen darstellen. Diese Rechnung scheint am Ende des Dramas auch aufzugehen. Obgleich Orsina und die Galottis die Zusammenhänge klar durchschauen, wird man ihm eine direkte Verwicklung in das Verbrechen nicht nachweisen können. Zu vorsichtig hat Hettore taktiert und es stets vermieden, direkte Anweisungen zu erteilen. Obgleich er als absoluter Herrscher niemandem Rechenschaft schuldet, achtet er doch auf den **Anschein von Legitimität**: Für einen verbrecherischen Despoten will er nicht gehalten werden. Dass sein schrankenloser Egoismus aber **despotische Züge** hat, zeigt sich immer wieder. Sie kommen dort zur Geltung, wo das Auge der Öffentlichkeit nicht hinreicht: Die auf sein Lustschloss verschleppte Emilia „führt" er gegen ihren Willen „ab" (S. 44) und zwingt sie dazu, mit ihm allein zu sein. Odoardo Galotti schätzt die Situation richtig ein: „wer kein Gesetz achtet, ist ebenso mächtig, als wer kein Gesetz hat." (S. 70) Es gibt – außer Gott – keine Instanz über dem Prinzen, die für Gerechtigkeit sorgen könnte.

Der Kammerherr Marinelli

Die Charakterisierung Hettores hat ergeben, dass Marinelli weit mehr ist als sein bloßer Handlanger. Zwar muss der Kammerherr dem Prinzen stets zur Verfügung stehen, ihn über Neuigkeiten in Kenntnis setzen und seine Befehle ausführen. Das Machtgefälle zwischen beiden wird jedoch zunehmend eingeebnet und sie begegnen sich immer wieder als **Komplizen** auf gleicher Augenhöhe. Der Prinz gewährt Marinelli „freie Hand", weil er dessen besonderes Talent zur Planung und Durchführung von **Intrigen** zu kennen scheint. Voraussetzung dafür ist der Informationsvorsprung Marinellis, der sich außerhalb des Hofes als **Spitzel** betätigt und sein Wissen im Interesse des Prinzen, aber auch zu seinem eigenen Vorteil verwendet. So weiß er über die „geheimgehalten(e)" Hochzeit Emilias Bescheid (S. 13) und kennt Details wie den Reiseweg des Bräutigams nach Sabionetta (S. 16 f.); die Gedanken und Gefühle der Gräfin Orsina sind ihm vertraut (S. 12); wie sich später zeigt, hat er auch von der Begegnung zwischen Hettore und Emilia in der Kirche erfahren (S. 51 f.). Auf Dosalo führt er Regie und empfängt Claudia, Orsina und schließlich Odoardo Galotti, während der Prinz sich verleugnen lässt bzw. gerade im Nebenraum mit Emilia beschäftigt ist. Seine Inszenierung durchschauen die beiden scharfsinnigen Frauen – Orsina und Claudia – schnell und leisten heftigen Widerstand; Hettore wird dagegen in seiner Unsicherheit und Hilflosigkeit hier zur Marionette in der Hand seines Kammerherrn. Das zeigt sich besonders deutlich im Dialog mit Odoardo, als er die verabredete Rolle spielt und auf sein Stichwort wartet (S. 72).

Ein **scharfer Verstand**, **Skrupellosigkeit** und **Kaltblütigkeit** sind hervorstechende Charaktermerkmale Marinellis. Mögliche „Unglücksfälle" einzukalkulieren (S. 37) bedeutet für ihn, den Tod eines Menschen in Kauf zu nehmen. Vermutlich zielt er aber von Anfang an auf den Tod Appianis ab. Zu gut kennt er dessen Ansichten, um ernsthaft erwarten zu können, der Graf nehme an seinem Hochzeitstag den Auftrag des Prinzen an (S. 32 ff.). So bleibt nur Appianis Ermordung, die er erleichtert mit der zynischen Bemerkung kommentiert, der Graf sei einen „zweiten Schuß … noch wert gewesen" (S. 40). Sein **Hass auf Appiani** erklärt sich aus der **Verachtung**, die dieser ihm entgegenbringt: Der Kammerherr ist für ihn ein typischer **Höfling**, dessen galante Sprache seine wahren Absichten verbergen soll, und darum ein „Affe" (S. 34) oder – mit den Worten Orsinas – ein „nachplauderndes Hofmännchen" (S. 55). Die Lebensform Appianis, der auch im Umkreis des Hofes ein „Freiwilliger" bleiben und kein „Sklave" sein will (S. 33), steht in unversöhnlichem Gegensatz zur Rollenexistenz des Kammerherrn.

Im Unterschied zum Prinzen geht Marinellis Existenz nämlich ganz in der Rolle auf, die durch seine **Stellung im höfischen Machtgefüge** definiert ist. Zwar ermöglicht es ihm die Intrige, persönliche Rache an Appiani zu nehmen, doch beruhen seine Pläne und Taten in erster Linie auf vollständiger Identifikation mit den Interessen des Prinzen. Dieser ist sein Lebensmittelpunkt; so erklärt sich sein Bedauern, nicht der „Freund" Hettores sein zu können. Indem er zutreffend bemerkt, dass „Fürsten" sich ihren Vertrauten je nach Laune offenbaren oder verschließen (S. 15), erkennt er die **Unsicherheit seiner Position**, die ihm am Ende des Dramas zum Verhängnis wird. Ohne Rücksicht auf seine ‚Verdienste' verstößt ihn Hettore, der als angeblich Betrogener alle Schuld von sich weist, und bezeichnet ihn – wie vorher schon Orsina (S. 59) – als „Teufel" (S. 79).

Aus der Sicht des Zuschauers bzw. Lesers erscheint Marinellis Charakterisierung als „**Teufel**" zwar im Hinblick auf die jeweilige Situation verständlich, insgesamt jedoch übertrieben und pauschal. Er ist gewiss die unsympathischste Figur in dem Drama, aufgrund seiner **Abhängigkeit vom Hof**, seiner **Misserfolge** und seiner **Beschränktheit** aber nichts anderes als ein schlechter, durchtriebener Mensch. Dem Scharfsinn Claudias, dem Intellekt der ‚philosophischen' Gräfin und Odoardos Misstrauen (S. 69) ist er nicht gewachsen. Für seine Beschränktheit spricht, dass er die Gedanken und Gefühle Appianis und der Galottis nicht nachvollziehen kann; auch darin unterscheidet er sich vom Prinzen. Marinelli kennt keine anderen **Handlungsmotive** als solche, die dem Erwerb von **Macht**, **Vermögen** und **Prestige** dienen.

Odoardo und Claudia Galotti

Die Umgangsformen der Eheleute scheinen von **Liebe und gegenseitiger Achtung** geprägt zu sein (S. 19). Doch machen sich schon bald unterschiedliche Anschauungen bemerkbar, die – aufgrund der Nachgiebigkeit Claudias – zwar nicht zum Streit führen, aber eine **gereizte Atmosphäre** erzeugen: Odoardo ärgert sich darüber, dass seine Tochter Emilia ohne Begleitung zur Kirche gegangen ist (S. 19). Weit mehr noch erregt ihn die vermeintliche Naivität seiner Frau, was das galante Verhalten des Prinzen gegenüber Emilia betrifft (S. 23 f.). Claudia wiederum, die ihre Kritik nicht offen zu äußern wagt, charakterisiert ihren Mann im Monolog (S. 24) als ehrlichen, aber seiner übertriebenen Ängstlichkeit wegen auch engstirnigen Menschen, der alles auf sich beziehe.

Hier – im zweiten Aufzug – werden jene **unterschiedlichen Auffassungen** bereits deutlich, über welche beide sich nicht verständigen können. Denn es handelt sich um grundsätzliche Fragen der Lebensgestaltung, in deren Konsequenz es liegt, dass Odoardo und Claudia an verschiedenen Orten wohnen: Emilias Vater hat sich, vom „Geräusch" und der „Zerstreuung der Welt" in der „Nähe des Hofes" angewidert, ganz auf sein **Landgut** in Sabionetta zurückgezogen, während Claudia mit ihrer Tochter im **Stadthaus** zurückgeblieben ist. Der offizielle Grund dafür ist „die Notwendigkeit, unserer Tochter eine anständige Erziehung zu geben" (S. 23); doch vermutet Odoardo zurecht, dass das städtische Leben im Umkreis des Hofes auf seine Frau eine gewisse Anziehung ausübt. In der Tat scheint Claudia die Bewunderung, die der Prinz ihrer Tochter im Hause Grimaldi entgegengebracht hat, mit Stolz zu erfüllen (S. 23 f.). Was Odoardo als Naivität und mangelnde Vorsicht deutet, kann ebenso als Zeichen von Weltoffenheit und innerer Ruhe verstanden werden. Selbst als Claudia von der verhängnisvollen Begegnung in der Kirche erfahren hat, bewahrt sie die Ruhe; indem sie zwischen der „Sprache der Galanterie" und echter „Empfindung" Unterschiede macht (S. 28), beweist sie – im Unterschied zu ihrem Ehemann – eine Kenntnis höfischer Umgangsformen, die sie sich nur in der Stadt aneignen konnte. Odoardo dagegen, der in Sabionetta einen ruhigen Lebensstil pflegt, wirkt bei seinem Eintreffen im Stadthaus ohne ersichtlichen Grund hektisch. Sein Einsiedlerleben, das ihn mit den Plänen seines künftigen Schwiegersohnes verbindet (S. 22), lässt ihn Stadt und Hof als fremde Welt wahrnehmen; weil er diese grundsätzlich ablehnt, erzeugt sie ein dauerndes Misstrauen bei ihm, das sich wiederum in gesteigerter Nervosität äußert.

Weder Odoardo noch Claudia können die katastrophale Entwicklung der Ereignisse, die schließlich zu Emilias Tod führt, aufhalten. Das hat jedoch unterschiedliche Gründe: Während **Claudia** das galante Verhalten bei Hofe im Allgemeinen richtig einschätzt, entgeht ihr die Emilia drohende Gefahr, da sie nicht mit einer so starken Leidenschaft des Prinzen für ihre Tochter rechnet. Dessen aufdringliches Verhalten hätte sie allerdings eines Besseren belehren können, erkennt sie doch selbst, dass er es „so weit ... nicht wagen" durfte (S. 27). Ihren größten Fehler jedoch begeht Claudia, als sie Emilia dazu überredet, Appiani den Vorfall in der Kirche zu verschweigen. Dem Grafen wäre es ohne weiteres möglich gewesen, einen Zusammenhang zwischen diesem Vorfall und dem Auftrag des Prinzen herzustellen: Eine solche Kombination aber hätte Marinellis Intrige durchkreuzen können.

Nach dem Überfall erlebt der Zuschauer bzw. Leser dagegen eine veränderte Claudia Galotti: Sie versammelt „Menschen" um sich (S. 45) und wird allein dadurch schon für den Prinzen und Marinelli gefährlich, deren Intrige der strikten Geheimhaltung bedarf. Hettore hat Recht, wenn er ihrer Ankunft auf Schloss Dosalo mit Besorgnis entgegensieht: Im Gespräch mit dem Kammerherrn tritt sie entschlossen auf und durchschaut schnell alle Zusammenhänge, ohne ein Blatt vor den Mund zu nehmen: „Ha, Mörder! Feiger, elender Mörder!" (S. 47) Im Unterschied zu Odoardo verzichtet Claudia darauf, ihr Erscheinen zu entschuldigen oder sonstige Floskeln der Ergebenheit vorzutragen; ihre Gefühle drückt sie unmittelbar aus, und ihr „wildes Geschrei" bringt Marinelli in Bedrängnis. Auch dringt Claudia, anders als ihr Ehemann, mutig zu Emilia vor, ohne sich vom Kammerherrn aufhalten zu lassen (S. 48). Vielmehr vertreibt sie mit ihrer „mütterlichen Wut" (S. 49) den Prinzen Hettore aus der Nähe ihrer Tochter.

Die einzige Person, die Claudia wirklich fürchtet, ist dagegen Odoardo. So dankt sie dem Schicksal, dass er bei Emilias Bericht über den Vorfall in der Kirche nicht mehr anwesend ist (S. 26); dabei hätte jener in seinem Misstrauen die über der Tochter schwebende Gefahr gewiss erkannt und Gegenmaßnahmen treffen können. Aber in dieser Situation wie auch später, als sie von Marinelli den Aufenthaltsort ihrer Tochter erfährt, fürchtet sie nichts so sehr wie Odoardos Zorn: Dieser werde „den Tag ihrer (Emilias) Geburt" und vor allem sie selbst „verfluchen"; damit hat sie sicher Recht, denn die städtische Lebensweise, für die sich Mutter und Tochter entschieden haben, betrachtet der Familienvater schon grundsätzlich mit „Argwohn" (S. 22). In dieser Haltung muss er sich bestätigt fühlen, als er auf Dosalo durch Claudia vom Tod Appianis und der Situation seiner Tochter erfährt. Doch zu einem Zornesausbruch ist er hier nicht mehr imstande, sondern versucht Claudia zu beruhigen, bevor er sie in die Stadt zurückschickt (S. 65 f.).

Der Verlauf der Ereignisse scheint **Odoardo** Recht zu geben: Seine schlimmsten Befürchtungen, was den verderblichen Einfluss des Hofes auf seine Familie betrifft, bestätigen sich. Dass er die Katastrophe nicht verhindern kann, lässt sich jedoch nicht allein mit der Lebensweise von Mutter und Tochter erklären. Ihm selbst gelingt es nicht, seinen Überzeugungen entsprechend zu handeln. Odoardo lehnt die Welt des Hofes, wo man „sich bücken, schmeicheln, kriechen" muss (S. 23), zwar mit aller Entschiedenheit ab; er macht sich jedoch keine Vorstellung davon, wie weit der Prinz tatsächlich geht, um seinen Interessen Geltung zu verschaffen, und welcher Methoden er sich bedienen kann. Odoardo kennt sich hier so wenig aus wie Marinelli in den Gedanken und Gefühlen der Galottis.

Odoardo Galottis Autorität als Familienvater ist unbestritten. Claudia wagt ihm nicht zu widersprechen und Emilia unterwirft sich ihm kurz vor ihrem Tod vollständig, indem sie seinem Wunschbild einer tugendhaften Tochter – „wie mein Vater will, daß ich werden soll" – um jeden Preis entsprechen will (S. 78). Ihr Wunsch zu sterben beruht auf Motiven, die sie ganz und gar als ‚Produkt' der väterlichen Erziehung ausweisen: Mit Odoardo teilt sie den Abscheu vor Verführung und einem ‚lasterhaften' Leben (S. 77). Die Radikalität ihrer ‚Konfliktlösung' verweist auf Odoardos extreme Moralvorstellungen: Er möchte seine Tochter lieber „im tiefsten Keller verwahret" sehen als sie im Hause der Grimaldis zu wissen (S. 74).

Odoardos Position innerhalb der Familie steht in Kontrast zu seiner Hilflosigkeit gegenüber dem Prinzen und Marinelli. Verbitterung und Resignation beherrschen ihn; nur für einen kurzen Moment, als er nach Orsinas Dolch tastet, scheint er die Fassung zu verlieren (S. 73). Seine Emotionen kommen dagegen ungefiltert in drei Monologen zwischen den entscheidenden Dialogen zum Ausdruck – und Ausbruch. Schließlich tötet er Emilia mit jenem Dolch, der ursprünglich für den Prinzen bestimmt war. Die Ohnmacht des sittenstrengen Vaters erreicht hier ihren Höhepunkt: Der Tod seiner unschuldigen Tochter soll deren Tugendhaftigkeit für immer sicherstellen, während er sich dem skrupellosen Verführer – seinem „Richter" – ausliefert. Als einzige Hoffnung bleibt Odoardo der Glaube an eine ausgleichende göttliche Gerechtigkeit.

Graf Appiani

Der Graf ist seiner gesellschaftlichen Stellung nach ein **Adliger**, der an Hettores „Hof" kam, um „ihm zu dienen" (S. 33); durch seine Verbindung mit Emilia würde er zum Schwiegersohn der Galottis, die dem Patriziat, der führenden städtischen Oberschicht, angehören. Mit der Familie Galotti und insbesondere deren Oberhaupt verbinden ihn aber nicht zuletzt seine Ansichten und die sich daraus ergebende Lebensform: Odoardo ist geradezu „entzückt" über den „würdigen jungen Mann", vor allem wegen seines Entschlusses, „in den väterlichen Tälern sich selbst zu leben" (S. 22). Appianis **Distanz gegenüber dem Hof** entspricht genau Odoardos eigenen Idealen von Freiheit und Selbstbestimmung: „Warum soll der Graf hier dienen, wenn er dort selbst befehlen kann?" (S. 23)

Erstaunlicherweise fällt Hettores Charakterisierung des Grafen ähnlich positiv aus: Für den Prinzen ist er „ein sehr würdiger junger Mann, ein schöner Mann, ein reicher Mann, ein Mann voller Ehre"; um seine Heirat mit einem „Mädchen ohne Vermögen und ohne Rang" beneidet er ihn geradezu, denn er könne sich nun „den Eindrücken, die Unschuld und Schönheit auf ihn machen", ganz überlassen (S. 13). Marinelli dagegen kann diese **Verbindung** nur als Irrtum begreifen, dem die „Empfindsamen" gerne verfallen; ein Leben abseits vom Hof erscheint dem Kammerherrn lächerlich: Appiani gefalle es wohl, „Gemsen zu jagen, auf den Alpen, und Murmeltiere abzurichten". Die Folge von alledem sei ein Verlust an Prestige und sozialer Geltung, der ihm den „Zirkel der ersten Häuser" für immer verschließe (S. 13 f.).

Indes hält Hettores Bewunderung für Appiani nicht lange an. Dass es sich dabei um romantische Schwärmerei handelte, wird schnell deutlich: Als er nämlich erfährt, wer die zukünftige Gräfin Appiani ist, ändert sich seine Einstellung radikal. Hettores Gedanken konzentrieren sich auf Emilia, das Objekt seiner Begierde; den Grafen begreift er von nun an als Hindernis, das es zu beseitigen gilt: Zuerst soll er unter einem Vorwand weggeschickt werden, wenig später wird er ermordet. Da der Prinz sich nun ganz auf **Marinelli** verlässt, wird dieser zum eigentlichen **Gegenspieler** des Grafen. Der Kammerherr nutzt seinen neu gewonnenen Handlungsspielraum aus, um sich für die Verachtung seiner Person zu rächen (S. 34, 39 f.).

Bevor es dazu kommt, ist Graf Appiani zunächst gar nicht abgeneigt, den Auftrag des Prinzen anzunehmen; er scheint sogar angenehm überrascht zu sein, denn er hat eine solche Gunst – wohl aufgrund seiner Lebensweise – „schon längst nicht mehr erwartet" (S. 32). Diese Reaktion lässt den Schluss zu, dass Appianis Distanz zum Hof womöglich nicht auf den unerschütterlichen Prinzipien beruht, die für Odoardo gelten. Es könnte durchaus sein, dass sich der Graf bisher vernachlässigt gefühlt hat, weil seine Dienste nicht in Anspruch genommen wurden. Auffällig ist in diesem Zusammenhang auch, dass Appiani dem Prinzen seine Heiratsabsichten verschweigen will und von seinen „Freunde(n)" dazu gedrängt werden muss, ihn über die bevorstehende Hochzeit in Kenntnis zu setzen; er will dies erst im letzten Moment und mit Widerwillen nachholen (S. 31). Ist er tatsächlich so unabhängig von der Meinung des Hofes, wie er vorgibt, oder fürchtet er womöglich wegen seiner Verbindung mit Emilia verspottet zu werden?

Andererseits besteht kein Zweifel daran, dass Appiani von seinem künftigen Schwiegervater begeistert ist: **Odoardo** ist für ihn das „Muster aller männlichen Tugend" und er begreift es als „Ehre, sein Sohn zu heißen" (S. 29). Sein **Vorbild** ist also eindeutig der Familienvater und keineswegs der Prinz. Überhaupt drängt sich der Eindruck auf, Odoardo sei ihm sogar wichtiger als Emilia selbst.

Bei der einzigen Begegnung des Paares im Drama verhält sich der Graf eigentümlich unterkühlt: Er scheint seine Braut, die ihm fröhlich „entgegenspringt", gar nicht wahrzunehmen. Die formelhafte Beteuerung seiner „Glückseligkeit" kontrastiert mit seinem steifen und gar „schwermütige(n)" Verhalten; allein bei seiner Erinnerung an die letzte Begegnung mit Odoardo gerät er ins Schwärmen (S. 29). Ihm entgeht sogar, dass Emilia noch nicht ihr Hochzeitskleid angelegt hat; als Entschuldigung bringt er vor, angesichts ihrer natürlichen Schönheit sei ihm aller „Putz" gleichgültig (S. 29). Diese ‚Blindheit' ist jedoch ein Zeichen mangelnder Zuwendung; sie verdeutlicht, dass **von Liebe** – wie man sie von einem Bräutigam kurz vor der Trauung erwarten darf – **nicht die Rede** sein kann. Verräterisch ist die als Kompliment gemeinte Äußerung des Grafen, er sehe Emilia „nie anders" als bei ihrer ersten Begegnung: „und sehe sie auch so, wenn ich sie nicht so sehe." (S. 30) Die aktuelle Wahrnehmung der lebendigen Person tritt hier zurück hinter dem **Bild**, das sich Appiani von seiner künftigen Ehefrau gemacht hat. Hier kommt ein **Besitzanspruch** zur Geltung, der an Hettores Umgang mit Emilias Porträt erinnert. Dieser Anspruch richtet sich im Falle Appianis auf ein **Ideal von Weiblichkeit**, das auch Odoardos Erwartungen an seine Tochter entsprechen dürfte: „So recht, meine Emilia! Ich werde eine fromme Frau an Ihnen haben ..." (S. 29)

Gräfin Orsina

Wie Marinelli gehört Orsina zur **Welt des Hofes**; als ehemalige Geliebte (**Mätresse**) des Prinzen stand auch sie in einem besonders engen Verhältnis zu Hettore. Während der Kammerherr jedoch nicht aufzubegehren wagt und nur gelegentlich vorsichtige Kritik am Prinzen übt, kennt Orsina **keine Zurückhaltung**. Schon bei ihrem ersten Auftritt (IV,3) beschwert sie sich darüber, nicht angemessen empfangen zu werden (S. 53). Opfer ihrer überaus gereizten Stimmung, deren Ursache ihre ‚Entlassung' durch den Prinzen ist, wird Marinelli. Dieser ist ihr auch intellektuell nicht gewachsen. Denn die Gräfin neigt nicht nur zu **emotionalen Ausbrüchen**, sondern verfügt im Vergleich zu allen anderen Figuren des Dramas über den **schärfsten Verstand**. Gerade deswegen – weil sie ihre eigene Situation und die Intrige so schnell und lückenlos durchschaut – fürchtet sie den „Verstand ... zu verlieren" (S. 62). Mit ihrer Begriffsanalyse („Verachtung", „Gleichgültigkeit") überfordert sie Marinelli und macht zugleich deutlich, dass ihr die **„Verachtung" ihrer Person** bewusst ist (S. 55). Die „Philosophin" – wie Marinelli sie ironisch tituliert – irrt sich nicht, denn Hettores frühere Äußerungen über sie in den Gesprächen mit Conti (S. 8) und Marinelli (S. 13) drücken nichts anderes als reine „Verachtung" aus. Auch auf Dosalo behandelt sie der Prinz voller Herablassung und beleidigt sie durch seine knappe Abweisung (S. 57). Wie die Szenenanweisungen belegen (S. 57: „wehmütig", „mit Rührung"), verkraftet Orsina diese Demütigungen nicht leicht. Aufgrund von Intellekt und Bildung – Marinelli charakterisierte sie als belesene „Närrin" (S. 12 f.) – vermag sie aber ihre Betroffenheit mit **Ironie** und bitterem **Sarkasmus** zu überspielen. Ansonsten verschafft Orsina ihrem Ärger durch ein betont **aggressives und offensives Vorgehen gegenüber Marinelli** Luft, der von ihr verhöhnt, verlacht und beleidigt wird (S. 54, 55, 59).

Ihr Denkvermögen erlaubt es Orsina, sich das zusammenzureimen, „was zusammen gehört". Daher lässt sie den „Zufall" als Erklärung für Ereignisse, die auf einen intriganten Plan hindeuten, nicht gelten (S. 60); angebliche Zufälle sollen nämlich verschleiern, dass ein Verbrechen stattgefunden hat und „der Prinz ... ein Mörder" ist (S. 59). Doch es geht hier nicht nur um Orsinas Fähigkeit, einzelne Informationen – den Vorfall in der Kirche und den Überfall betreffend – miteinander zu kombinieren. Sie begreift den Zufall zugleich als „Gotteslästerung" und sieht eine „allgütige Vorsicht" am Werk, die sie und den Prinzen auf Dosalo zusammengeführt habe (S. 56). Dieser Glaube an eine göttliche Vorsehung hat jedoch mit christlichen Vorstellungen nichts zu tun: Denn Orsina hat für sich selbst die Rolle einer **Rachegöttin** ,vorgesehen'. Mit Dolch und Gift ausgerüstet ist sie auf dem Lustschloss erschienen, wohl um zunächst Hettore zu töten und dann Selbstmord zu begehen. Als dieser Plan scheitert, weil der Prinz sie nicht empfängt, will sie zunächst dessen Verbrechen „auf dem Markte ausrufen" (S. 60). Angesichts der politischen Verhältnisse wäre dies allerdings eher ein Akt der Verzweiflung als ein Erfolg versprechendes Vorhaben.

Eine ironische Wendung sorgt aber dafür, dass ihr tatsächlich ein Zufall zu Hilfe kommt, nämlich die Begegnung mit dem gerade eintreffenden **Odoardo Galotti**. Geistesgegenwärtig reagiert die Gräfin: Emilias Vater wird für sie zum **Instrument**, mit dem sie – in einem dritten Anlauf – ihre Rache doch noch zu verwirklichen hofft. Die Vorsichtsmaßnahme Marinellis, der sie Odoardo als geistig verwirrte Person vorstellt, durchkreuzt sie mit einer überaus geschickten Gesprächsstrategie: Mit Andeutungen verwirrt sie Odoardo zunächst; dann ordnen sich ihre Bemerkungen zu einem verbrecherischen Geschehen, in das Emilia als Mitschuldige verwickelt sein soll. Als es ihr gelungen ist, in Odoardo den Wunsch nach Rache zu wecken, steckt sie ihm den Dolch zu. Auf das „Gift" kann sie nun verzichten, da sie es dem alten Mann mit ihren Informationen und Verleumdungen bereits verabreicht hat (S. 61–64).

Insgesamt ist Orsina eine **zwiespältige Person**: Sie verdient einerseits das Mitleid des Zuschauers; ihr resolutes Auftreten und ihr überlegener Verstand nehmen ebenfalls für sie ein. Andererseits verhält sie sich im Grunde wie Marinelli, wenn sie andere Personen – hier Emilias Vater – im eigenen Interesse zu manipulieren versucht. Wie Marinelli gegenüber Appiani wird sie von persönlichen Rachegelüsten angetrieben, mit denen sie den eher passiven Odoardo in Bewegung setzt. Dieser zieht jedoch wenig später eine klare Trennungslinie zwischen „gekränkter

Tugend" und der „Rache des Lasters" (S. 68). Wenn auch nicht im gleichen Maße wie Marinelli, ist Orsina für Odoardo doch eine ‚lasterhafte' Person und letztlich eine „Hofschranze" (S. 70).

Die geplante Tragweite ihres Handelns – Mord und Selbstmord – unterscheidet sie jedoch von dem Kammerherrn des Prinzen. Ihre **tragische Situation** ist offensichtlich: Mehr als Odoardo und Appiani ekelt sie inzwischen das höfische Leben an, ohne dass sie Zuflucht in einem anderen sozialen Milieu finden könnte. Die für Odoardo typischen Gesinnungen und Verhaltensmuster weiß sie – im Unterschied zu Marinelli – aber genau einzuschätzen: Ganz sicher ist sie sich, dass er aufgrund seiner schwer gekränkten Tugend „die erste, die beste" „Gelegenheit" ergreifen wird, den Dolch gegen Hettore zu wenden (S. 64). Als einzige Figur in Lessings Trauerspiel ist die Gräfin mit beiden Mentalitäten vertraut.

Emilia Galotti

Emilia ist die **Titelfigur** des Trauerspiels. Im Vergleich zum Prinzen und zu Marinelli hat sie aber nur wenige Auftritte. Ihre **zentrale Bedeutung für die Dramenhandlung** steht dennoch außer Zweifel: Sie ist Anlass und Objekt der von Marinelli angezettelten Intrige und auf ihre Person spitzt sich die katastrophale Entwicklung der Ereignisse zu, deren Opfer sie wird. Außerdem ist Emilia von Anfang an, wenn auch nicht körperlich, so doch dadurch gegenwärtig, dass andere Personen über sie reden: Schon ganz am Anfang fällt ihr Name, der dem Prinzen viel zu bedeuten scheint (I,1); im Gespräch zwischen ihm und Conti geht es vor allem um Emilias Porträt (I,4), ebenso im folgenden Monolog Hettores (I,5); in der Unterredung mit Marinelli erfolgt die entscheidende Wendung in dem Moment, als der Kammerherr die Identität der künftigen Gräfin Appiani preisgibt (I,6). Ähnliches gilt für den zweiten Aufzug: Bevor Emilia selbst auftritt, beschäftigt sie ihre Eltern und insbesondere Odoardo, der sich Sorgen um sie macht (II,2; II,4; II,5). Vom dritten Aufzug an bis zum Ende des Dramas schließlich stellt sie den direkten oder indirekten Bezugspunkt aller Dialoge, Monologe und Aktionen – ob auf oder hinter der Szene – dar. Dies gilt selbst für Orsinas Racheplan, der bei Odoardos Befürchtungen um die Tugend seiner Tochter ansetzt.

Aus diesem Überblick lässt sich bereits schließen, dass Emilia eine **eher passive Rolle** spielt: Über sie wird viel geredet, wobei unterschiedliche Aspekte in den Vordergrund rücken und voneinander **abweichende Einschätzungen der jungen Frau** zum Tragen kommen: Hettore preist ihre außerordentliche Schönheit und bezeichnet sie als „Engel" (S. 9 f.); Appiani hofft eine „fromme Frau" an ihr zu haben, deren natürliche Schönheit auf „Putz" und Geschmeide verzichten könne (S. 29); Claudia beobachtet nicht ohne Stolz, dass der Prinz ihrer Tochter Beachtung schenkt (S. 23 f.), hält sie jedoch für unerfahren in Angelegenheiten des gesellschaftlichen Umgangs (S. 28); Odoardo ist vor allem an einem moralisch einwandfreien Lebenswandel seiner Tochter interessiert, damit sie die Ehefrau des von ihm so hoch geschätzten Grafen werden kann (S. 22, 25); für Orsina ist Emilia eine Rivalin um die Gunst des Prinzen bzw. ihre Nachfolgerin, die sie voller Eifersucht bei Odoardo denunziert und der sie ihr eigenes Schicksal prophezeit (S. 63 f.); Marinelli betrachtet sie als „Mädchen ohne Vermögen und ohne Rang" (S. 13), die Appianis gesellschaftliches Ansehen zerstört. Er sieht in ihr aber vor allem das Opfer seiner Intrige, von deren Erfolg seine Stellung am Hof abhängt und die es ihm erlaubt, sich an Appiani zu rächen.

Über Emilia Galotti wird also nicht nur geredet, sondern aus **verschiedenen Interessenlagen** heraus entschieden: Sie soll den Moralvorstellungen ihrer Eltern entsprechen (Odoardo), gesellschaftliche Umgangsformen nicht vernachlässigen (Claudia), Appianis zurückgezogene Lebensform teilen und ihm eine gute

Ehefrau werden; der Prinz beansprucht sie als neue Geliebte und Nachfolgerin Orsinas, während Odoardo schließlich ein Leben im Kloster – als letzte Rettung – für sie vorsieht. Hat Emilia angesichts dieser widersprüchlichen Erwartungen überhaupt eine Chance, eigenständig zu handeln, sich selbst zu bestimmen?

Das scheint nicht der Fall zu sein, denn sie begegnet dem Zuschauer bei ihrem ersten Auftritt als **eine Person, die eher reagiert als agiert**. In „einer ängstlichen Verwirrung" (S. 24) betritt sie zum ersten Mal die Bühne: Noch ganz unter dem Eindruck ihrer Begegnung mit Hettore kann sie ihre Gedanken nicht ordnen und nur mit Mühe vorbringen, was eigentlich geschehen ist (S. 24–27). Vor allem empört sie die Erfahrung, trotz „inniger, brünstiger" „Andacht" durch „fremdes Laster" zu einer „Mitschuldigen" geworden zu sein (S. 25). Um welche ‚Schuld' es sich handelt, bleibt allerdings offen; jedenfalls ist nirgends die Rede davon, dass sie den Prinzen bei der Begegnung im Hause Grimaldi in irgendeiner Weise ermutigt hat. Im Gegenteil: Weitere Versuche Hettores, sich ihr zu nähern, sind offensichtlich erfolglos geblieben (S. 9) und dessen späteres Geständnis Marinelli gegenüber ist eindeutig: Emilia sei „stumm" und „niedergeschlagen" gewesen und habe „wie eine Verbrecherin" gezittert (S. 41). Sie scheint also von unbegründeten Gewissensängsten gequält zu werden, die ihr Claudia auszureden versucht. Obgleich sie gute Gründe dafür hat, Appiani zu informieren, verhält sie sich Claudia gegenüber unterwürfig: „Ich habe keinen Willen gegen den Ihrigen." (S. 28) Der Wille Appianis ist für sie ebenfalls entscheidend: Seiner Vorstellung von natürlicher Schönheit und einem schlichten Äußeren sowie dem Bild, das er sich von ihr gemacht hat, will sie um jeden Preis entsprechen (S. 29 f.).

Bei ihrem **letzten Auftritt** (V,7) scheint Emilia **völlig verwandelt** zu sein: Ruhig und gefasst tritt sie ihrem Vater entgegen, den diese Haltung angesichts ihrer Situation überrascht (S. 75 f.); noch immer misstraut er seiner Tochter. Doch es ist die

Ruhe der Resignation, die Emilia zunächst beherrscht, aber schnell wieder verlässt, als Appianis Tod für sie zur Gewissheit wird. Empörung über die Gewalt des Prinzen spricht aus ihren Worten: „Ich will doch sehn, wer mich hält – wer mich zwingt – wer der Mensch ist, der einen Menschen zwingen kann." (S. 76) Nachdem sie erfahren hat, welche Absichten Hettore mit ihr verfolgt, beruft sie sich auf ihren und ihres Vaters freien „Willen" (S. 77). Einen Anschlag auf den Prinzen lehnt sie aber kategorisch ab und will stattdessen selber sterben, um ihre „Unschuld" zu retten.

Ihren **Todeswunsch** begründet sie mit der Unterscheidung zwischen „Gewalt" und „Verführung": Gegen Letztere könne sie sich nicht zuverlässig wehren, denn sie habe „so jugendliches, so warmes Blut" und ihre „Sinne" seien „Sinne" (S. 77). Mit anderen Worten: Emilia befürchtet ihre Triebe nicht kontrollieren zu können – auch nicht mithilfe der „strengsten Übungen der Religion". Diesbezügliche Erfahrungen hat sie bisher allerdings nur einmal – nämlich im Hause Grimaldi – gemacht (ebd.); dabei kann es sich aber nur um Eindrücke und nicht um wirkliche Gefährdungen gehandelt haben. Denn wie man durch ihre Mutter weiß, ist es dem Prinzen selbst unter vier Augen nicht gelungen, Emilia näher zu kommen: „Sie hält den Prinzen in einer Entfernung, sie spricht mit ihm in einem Tone ..." (S. 66). An ihrer **Tugendhaftigkeit** bestehen also keine Zweifel und es ist kaum zu erwarten, dass Emilia unter dem Einfluss Hettores zu einer ‚lasterhaften' Person würde: Dies käme einem vollständigen Identitätsverlust gleich!

Gründe für ihre Entscheidung sind daher an anderer Stelle zu suchen: Emilias Berufung auf die Märtyrer, die für ihren Glauben zu Tausenden „in die Fluten" sprangen, lässt vermuten, dass sie selbst dem Ideal einer „Heiligen" nachstrebt (S. 77). Weiterhin beruft sie sich auf den Fall der Römerin Virginia, der aber andere Umstände voraussetzt (vgl. *Interpretationshilfe*, S. 60 ff.), um Odoardo durch den schmeichelhaften Vergleich zur Ausführung der Tat zu bewegen. Und drittens fasst sie das Geschehen in ein poetisches Bild: Sie selbst ist die „Rose", die von der Hand des Vaters „gebrochen" wurde, ehe der „Sturm" der Leidenschaft – entfacht durch den Prinzen – sie „entblättert" (S. 78). In allen drei Fällen findet eine Überhöhung der eigenen Person statt, eine Art **Selbststilisierung zur Tugendheldin bzw. Märtyrerin**, die – bei nüchterner Betrachtung – der Situation nicht angemessen ist. Im Hintergrund dieser drei ‚Entwürfe' steht aber nicht – wie gelegentlich behauptet wird – der vernünftige Wunsch nach Selbstbestimmung, zu dem Emilia nun endlich gelangt sei. Selbstmord als eine Form vernünftiger Selbstbestimmung anzusehen, käme in der Tat einem absurden Gedankenspiel gleich. Es ist vielmehr der **väterliche Wille**, der sie beherrscht: „Als ob wir, wir keinen Willen hätten, mein Vater!" (S. 77) Diesen Willen und nichts anderes will Emilia verkörpern, als sie die Rose aus ihrem Haar nimmt und sich damit des letzten ‚Geschmeides' entledigt: „Du gehörst nicht in das Haar einer – wie mein Vater will, dass ich werden soll!" (S. 78)

Konstellation der Personen

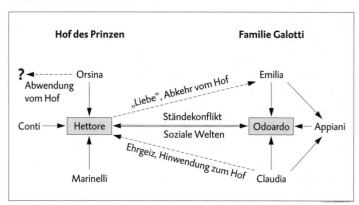

2 Thematische Schwerpunkte

Die Welt des Hofes

Lessing verlegte die Handlung seines Trauerspiels in ein kleines italienisches Fürstentum. Die Figur des Prinzen ist zwar frei erfunden; es gibt jedoch seit dem 14. Jh. ein Herrschergeschlecht namens Gonzaga in Oberitalien. Guastalla und Sabionetta sind Grafschaften, die in den Besitz der Familie übergingen.[2]

Dem Dichter ging es allerdings nicht um Italien, sondern um Deutschland; sein Interesse galt nicht vergangenen Jahrhunderten, sondern der Gegenwart. Als Hofbibliothekar des Herzogs von Braunschweig musste Lessing aber Vorsicht walten lassen und für seine Kritik am deutschen Kleinstaatenabsolutismus eine **historische Verkleidung** finden. Die Bezüge zwischen dem Drama und der Realität waren allerdings für den damaligen Zuschauer offensichtlich. Umso erstaunlicher ist die Entstehungsgeschichte der *Emilia Galotti* (vgl. *Interpretationshilfe,* S. 7 f.). Der Arbeitgeber des Dichters, **Herzog Karl I.**, ist zwar kein Ebenbild des **Prinzen Hettore**, doch gibt es auffällige **Parallelen** zwischen beiden. Der Braunschweiger Fürst war für seine verschwenderische Hofhaltung bekannt; er galt als Kunstliebhaber und unterhielt ein kostspieliges Hoftheater. Zum aufwändigen Lebensstil des ebenso unsteten wie viel beschäftigten Monarchen gehörten selbstverständlich auch Mätressen, die er häufig wechselte: Eine von ihnen, die Gräfin v. Bresconi, lernte Karl auf einer Bildungsreise durch Italien kennen und brachte sie mit an den Braunschweiger Hof. Sie gilt – wie die Namensähnlichkeit und ein von ihr angefertigtes Porträt belegen – als historisches Vorbild für die Gräfin Orsina. Des weiteren gehörte Karl zu den deutschen Fürsten, die ihre Untertanen während des amerikanischen Unabhängigkeitskrieges an die Engländer verkauften, um ihre Staatskasse aufzufüllen. Auch dieses menschenverachtende Verhalten legt einen Vergleich mit dem Prinzen in Lessings Drama nahe.

50 / Textanalyse und Interpretation

Sowohl Karl als auch Hettore repräsentieren einen bestimmten Herrschertyp, der sich in Deutschland nach dem Dreißigjährigen Krieg in vielen Fürstentümern durchzusetzen begann. Das Land war in eine fast unüberschaubare Zahl z. T. kleiner und kleinster Territorien zersplittert, die zum größten Teil absolutistisch regiert und als Eigentum der Fürsten betrachtet wurden. Gleichwohl darf die **absolutistische Regierungsform** nicht einfach mit Despotismus gleichgesetzt werden. Der Begriff ‚Absolutismus' bedeutet seiner lateinischen Herkunft nach: ‚nicht an Gesetze gebunden' (ab legibus solutus); der Herrscher ist nach dieser Auffassung der Souverän, d. h. der Urheber aller im Staat gültigen Gesetze, diesen aber selbst nicht unterworfen. Die Konsequenz einer solchen Monopolisierung von Macht muss jedoch nicht schrankenlose Willkür sein. Vielmehr ist der absolute Monarch, wenn er sein Amt richtig versteht, zwei Instanzen verpflichtet: einerseits Gott, andererseits dem Wohl seines Volkes. Die erste Bindung kommt in der Legitimation absoluter Herrschaft durch das Gottesgnadentum (König ‚von Gottes Gnaden') zum Ausdruck; bei der zweiten handelt es sich um eine allgemein anerkannte Devise verantwortlichen Regierens, die allerdings in der Praxis häufig nicht wirklich befolgt wurde. Selbst der französische ‚Sonnenkönig' Ludwig XIV. – Vorbild der meisten deutschen Kleinstaatenfürsten – behauptete, er habe

das Wohl seiner Untertanen weit mehr im Auge als unser eigenes. Man kann sagen, daß sie ein Teil unserer eigenen Person sind; wir sind gleichsam das Haupt des Körpers, dessen Glieder sie sind.[3]

Für Friedrich II. von Preußen, Lessings Zeitgenossen, ist es gar die „erste Bürgerpflicht" für einen Herrscher,

seinem Vaterland zu dienen … Als Träger der höchsten Staatsgewalt hatte ich die Gelegenheit und die Mittel, mich meinen Mitbürgern nützlich zu erweisen.

Dagegen hätten Minister und Monarchen, sobald „ihre eigenen Interessen infrage kommen, stets Nebenabsichten." Sie besetzten *alle Stellen mit ihren Kreaturen, anstatt verdienstvolle Leute zu befördern, und suchen sich durch die große Zahl derer, die sie an ihr Schicksal ketten, auf ihren Posten zu befestigen.*[4]

Die von Friedrich II. hier beschriebenen Zustände lassen sich ohne Abstriche auf Lessings Drama übertragen. Der aufgeklärte Absolutismus des preußischen Königs, der sich als Bürger und Staatsdiener verstand, war für die wenigsten deutschen Fürsten ein nachahmenswertes Modell. Gerade der Autoritätsverlust der Kirche und die Erschütterung religiöser Glaubensgewissheiten zur Zeit der Aufklärung führten dazu, dass viele Monarchen die Idee des Gottesgnadentums nicht mehr ernst nahmen und sich ganz ihren weltlichen Interessen zuwendeten. Die höfischen Verhältnisse in *Emilia Galotti* sind ein **Abbild des deutschen Kleinstaatenabsolutismus** in dieser fortgeschrittenen Entwicklungsphase. Hettore ist zwar um seine Legitimität und sein öffentliches Ansehen bemüht. Er weiß sich jedoch keinen religiösen oder moralischen Werten und schon gar nicht dem Wohl seiner Untertanen verpflichtet. Im Gegenteil: Er missbraucht die ihm anvertraute Macht und zerstört die Familie Galotti mithilfe verbrecherischer Elemente, die im Auftrag Marinellis für ihn arbeiten. Dadurch entsteht eine bedrohliche Rechtsunsicherheit gerade für jene Untertanen, auf deren Tätigkeit in Wirtschaft, Verwaltung und Militär die Stabilität des Staates beruht. Wenn Hettore etwas Gutes tut – wie für Emilia Bruneschi –, so geschieht dies aus einer momentanen Laune heraus, die nicht lange anhält (S. 5, 18). Ob ein Todesurteil unterzeichnet wird oder nicht, ist unter seiner Regierung ebenfalls dem Zufall überlassen (S. 18). Doch auch Mitglieder der höfischen Gesellschaft – Marinelli und Orsina – sind der Willkür des Prinzen ausgesetzt, der sich jederzeit von ihnen trennen kann.

Es ist kein Zufall, dass der offizielle Hof in *Emilia Galotti* keine Rolle spielt: In dieser Welt der Rituale und Zeremonien ist nämlich auch der Fürst selbst ständiger Beobachtung ausgesetzt. Hauptschauplatz des Trauerspiels ist daher Hettores Lustschloss Dosalo. In der Abgeschiedenheit dieses Domizils kann er seinen privaten Interessen ungestört nachgehen. Im Umgang mit Emilia, die er gegen ihren Willen „abführt" (S. 44), kommt sein despotischer Charakter deutlich zum Vorschein. Gleichzeitig muss Hettore jedes Aufsehen, das durch Claudia Galottis „Geschrei" (S. 45) oder gar Orsinas Drohung (S. 60) ausgelöst werden könnte, fürchten. Doch muss auch Odoardo Galottis Verhalten sorgfältig bedacht und eine Intrige ersonnen werden, die verhindert, dass Emilia aus dem „Gebiete" des Prinzen entfernt wird (S. 67). So lange sie sich nämlich dort befindet, gilt Odoardos Bemerkung: „Du bist, du bleibst in den Händen deines Räubers." (S. 76) Eben diese totale Verfügung über Menschen, die Emilia so empört (S. 76 f.), überschreitet jene natürlichen Grenzen, die dem **absoluten Herrscher** gesetzt sind, und kennzeichnet den Prinzen als **Despoten**.

Auch Graf Appiani wird zum Opfer des Despoten. Als Ort der Freiheit und der Selbstbestimmung steht der Landsitz des Grafen in Kontrast zum Lustschloss Hettores. Historisch betrachtet beruht der Absolutismus mit seinem fürstlichen Machtmonopol auf der Entmachtung feudaler Zwischengewalten; zu diesen zählt auch die Position eines Grafen, der im Mittelalter über einen selbstständigen Herrschaftsbereich und ein eigenes Heer verfügte. Im Zeitalter des Absolutismus bleibt den Adligen nur die Alternative zwischen der Übernahme eines Hofamtes und dem Rückzug aus dem höfischen Leben, womit allerdings ein Verlust an politischem und gesellschaftlichem Einfluss einhergeht. Appiani hat sich für letztere Möglichkeit entschieden. Für Hettore ist er jedoch ein Untertan wie alle anderen, und entsprechend rücksichtslos behandelt er ihn.

Lessings Kritik gilt nicht in erster Linie der Person des Prinzen Hettore, der bei allen abstoßenden Charaktereigenschaften doch auch menschliche Züge aufweist. Entscheidend sind für ihn die **Mängel des politischen Systems**, das dem Regenten zu viel Spielraum lässt und ihn jeder Kontrolle entzieht. So bleibt es dem Zufall überlassen, ob ein aufgeklärter Monarch oder ein egoistisches Individuum an der Spitze des Staates steht. Weil Lessing den Blick des Zuschauers für die **despotische Entartung absoluter Herrschaft** schärft, ist *Emilia Galotti* auch ein **politisches Drama**.

Die bürgerliche Gegenwelt

Mithilfe des entmachteten Adels kann der regierende Fürst seine Herrschaft nicht ausüben, denn jener ist unzuverlässig und tendiert dazu, durch Aufstände seine frühere politische Bedeutung wiederzuerlangen. Daher muss er eine andere gesellschaftliche Schicht für Staatsaufgaben heranziehen und diese zugleich von der Politik fern halten. Hier bietet sich das Bürgertum an, das seit dem späten Mittelalter die wirtschaftliche Entwicklung in den neu gegründeten Städten vorangetrieben hat und seine Fähigkeiten in den Bereichen von Verwaltung und Militär unter Beweis stellen konnte. Der Begriff ‚**Bürgertum**' ist unscharf: Er bezeichnet den mittelalterlichen Stadtbürger, einen gesellschaftlichen Stand, den Untertanen schlechthin sowie den heutigen Staatsbürger mit seinen demokratischen Rechten. Auch die zum Bürgertum gehörenden Berufsgruppen bilden ein schwer überschaubares und in sich unterschiedliches Spektrum an Qualifikationen und Tätigkeiten: In den absolutistischen Gesellschaften des 17. und 18. Jahrhunderts sind Handwerksgesellen ebenso wie Professoren, Kaufleute und Schriftsteller Bürger.

Die absolute Herrschaft des Fürsten beruht auf **vier ‚Säulen'**: einer zentralisierten Verwaltung durch Berufsbeamte, einem stehenden Heer, einer staatlich gelenkten Wirtschaft und einer

Einheitskirche. Als pensionierter Oberst ist **Odoardo Galotti** dem militärischen Bereich zuzuordnen. Aufgrund seines Offiziersranges und eines Vermögens, das ihm die Unterhaltung eines Landguts erlaubt, gehört er zum städtischen Patriziat.

Historisch betrachtet und gerade im Hinblick auf die Verhältnisse in Italien sind die **sozialen Grenzen** zwischen den Galottis, dem Grafen Appiani und der Welt des Hofes nicht scharf gezogen, sondern eher **durchlässig**. Im Unterschied zu Schillers späterem bürgerlichen Trauerspiel *Kabale und Liebe* begründen sie jedenfalls **keinen Ständekonflikt**: Schließlich haben auch die Galottis Zugang zum Haus des fürstlichen Kanzlers Grimaldi.

Entscheidend für den **Gegensatz der beiden Welten** in Lessings Drama ist allerdings zweierlei: Einerseits die Konzentration der **politischen Macht** am Hofe, wodurch die Galottis wie auch Appiani zu manipulierbaren Untertanen werden. Marinelli kann daher Emilia trotz ihrer gesellschaftlichen Stellung geringschätzig als ein „Mädchen ohne Vermögen und Rang" (S. 14) bezeichnen. Wichtiger noch sind jedoch die **in der Familie Galotti gültigen Einstellungen und Verhaltensweisen,** die auch Appiani teilt und die als **bürgerliche Ideale** im Kontrast zur höfischen Lebenswelt stehen. Odoardos Entscheidung, sich möglichst vom Hof und der Stadt fern zu halten, spiegelt eine **typisch bürgerliche Lebensauffassung** wider. Denn der an politischen Entscheidungen nicht beteiligte Oberst zieht sich damit demonstrativ vom Machtzentrum zurück und pflegt seine eigene Lebensweise. Zu dieser gehören zentrale Werte wie Freiheit und Selbstbestimmung; außerdem bürgerliche Tugenden wie Ehrlichkeit, Zuverlässigkeit, aber auch Gewissenhaftigkeit und Sparsamkeit; schließlich Naturverbundenheit und ein ästhetisches Empfinden, das schlichte Schönheit bevorzugt und alles bloß Dekorative und Prunkhafte verurteilt. Solche Ideale gehen auf einen der bedeutendsten Philosophen der Aufklärung, mit dessen Schriften Lessing sich befasst hat, zurück: **Jean-Jacques Rousseau** (1712–1778). Kurz vor der Französischen Revolution entlarvte Rousseau die höfische Gesellschaft als ein System, das die menschliche Natur vergewaltigt und aus ursprünglich guten Menschen Egoisten macht.

In den deutschen Kleinstaaten, wo eine Revolution ausblieb, begnügte sich das Bürgertum damit, seine **Moral** zu kultivieren und sich von der ‚unsittlichen' Lebensweise des Adels abzugrenzen; so konnte man auch ohne politischen Einfluss ein Gefühl der Überlegenheit entwickeln. Während sich in der Französischen Revolution der bürgerliche Dritte Stand zur Nation erklärte, begriffen fortschrittliche Philosophen und Schriftsteller in Deutschland diesen Stand als Vertretung der Menschheit schlechthin: Der Bürger galt als der eigentliche Mensch. Der soziale Raum, in dem er seine Tugenden ungehindert entfalten, seine Gefühle ausleben sollte, war die Familie. Die intimen Beziehungen zwischen den Familienmitgliedern sollten zugleich Schutz vor einer Außenwelt, die als **minderwertig** und **bedrohlich** zugleich empfunden wurde, bieten.

Eine solche **Bedrohung** geht von Hettore und Marinelli aus: Appianis Ermordung und die Entführung Emilias sind Aktionen, die in den familiären Innenraum eindringen und sich dort zerstörerisch auswirken. Allerdings ist Odoardo Galotti kein idealer Repräsentant moralischer Werte und bürgerlicher Tugenden. Diese vertritt er zwar lautstark, scheitert aber, als es darum geht, seine Familie zu schützen. Sein Versagen lässt sich nicht allein mit Wehrlosigkeit gegenüber dem Prinzen erklären: Es deutet auf Hilflosigkeit hin, die aus mangelnder gesellschaftlicher Erfahrung und einer allzu engen Vorstellung von Moral und Anstand resultiert. Der Rückzug auf das familiäre Privatleben und die Abgrenzung gegenüber der Außenwelt haben zur Folge, dass **Odoardo** sich zum ‚**Haustyrannen**' entwickelt. Seine uneingeschränkte Autorität entspricht – in stark verkleinertem Maßstab – der absoluten Macht des Prinzen. Während Claudia Galotti gelegentlich noch eigene Gedanken entwickelt, erweist sich Emilia als Geschöpf ihres sittenstrengen Vaters. Auf eine vermeintliche Bedrohung ihrer Unschuld kann sie daher nur mit dem Wunsch nach Selbstauslöschung reagieren.

Emilias Charakter ist allerdings nicht außergewöhnlich, sondern eher typisch für die damalige Zeit. Eine beliebte Lektüre junger unverheirateter Frauen aus bürgerlichen Kreisen waren im 18. Jahrhundert moralische Ratgeber. Dort findet man z. B. folgende Empfehlungen:

Faulenze niemals im Bette … Sei mäßig im Essen und Trinken. Beobachte sorgfältig alle Regeln der Ehrbarkeit. Fliehe die Langeweile. Entferne dich von dem Umgange aller Personen, welche dir als unzüchtig bekannt sind und deiner Unschuld zum Anstoß gereichen könnten … [5]

Außergewöhnlich sind allein die Konsequenzen, zu denen Emilia sich genötigt sieht; sie liegen aber ganz und gar in der Logik einer überstrengen Erziehung zu Keuschheit und Ehrbarkeit.

Eine besondere Qualität von Lessings Trauerspiel besteht darin, dass er nicht nur die Welt des Hofes einer scharfen Kritik unterzieht; auch die **bürgerliche Gegenwelt** der Galottis wird von ihm **entlarvt**, da ihre moralischen Werte sich als unfähig erweisen, eine vernünftige Konfliktlösung herbeizuführen: Sie zerstören die Familie von innen heraus.

Höfische und bürgerliche Welt

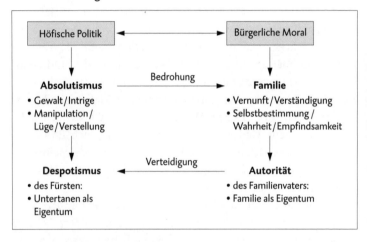

Selbstbestimmung und Fremdbestimmung
Immanuel Kant (1724–1804), zur Zeit Lessings der bedeutendste deutsche Philosoph, beantwortete die Frage *Was ist Aufklärung?* mit einer kurzen und schlüssigen Definition:

Aufklärung ist der Ausgang des Menschen aus seiner selbstverschuldeten Unmündigkeit. Unmündigkeit ist das Unvermögen, sich seines Verstandes ohne Leitung eines anderen zu bedienen. Selbstverschuldet ist diese Unmündigkeit, wenn die Ursache derselben nicht in einem Mangel des Verstandes, sondern der Entschließung und des Mutes liegt, sich seiner ohne Leitung eines anderen zu bedienen.[6]

‚Mündigkeit' bedeutete für Kant und das deutsche Bürgertum des 18. Jh. noch nicht die Eroberung der politischen Macht; wohl aber die Möglichkeit, ein selbstbestimmtes Leben nach vernünftigen Grundsätzen und ohne – staatliche oder kirchliche – Bevormundung zu führen. Dieses Ziel streben Graf Appiani und die Familie Galotti an. Es erweist sich jedoch als Illusion; denn es fehlt ihnen die notwendige Freiheit, ihren Idealen entsprechend entscheiden und handeln zu können. Lessings Drama macht dafür verschiedene Umstände verantwortlich: die politischen Verhältnisse, persönliche Abhängigkeiten, Charaktereigenschaften und Zufälle.

Aufgrund der **politischen Verhältnisse** im Fürstentum werden die Galottis und Appiani zu Opfern der Willkür Hettores. Dessen Macht ist unter den gegebenen Bedingungen unberechenbar, und zwar vor allem deswegen, weil er keine moralischen oder religiösen Normen anerkennt. So entsteht ein rechtsfreier Raum, in dem sich Marinellis Intrige ungehindert entfalten kann. Die Intrige scheut das Licht der Öffentlichkeit und trifft ihre Opfer unvorbereitet. Inszenierte Aktionen, Verleumdungen und Lügen sollen die Betroffenen zu beliebig manipulierbaren Objekten machen, während die Täter ihre Verantwortung zu verschleiern suchen. Marinellis Intrigen haben zwar nicht den gewünschten Erfolg, aber fatale Folgen für Appiani und die Galottis.

Starke **persönliche Abhängigkeiten** innerhalb der Familie Galotti führen am Ende des Dramas eine Wendung herbei, die sowohl die Intrige durchkreuzt als auch Marinelli zum Verhängnis wird. Emilia wählt eine ‚Konfliktlösung', die nicht der Situation, aber den Vorstellungen ihres Vaters entspricht. Eine sittenstrenge Erziehung hat ihren **Charakter** so geformt, dass andere Verhaltensmöglichkeiten nicht in Betracht kommen. Auch Odoardos Charakter lässt keine flexiblen Reaktionen zu; er wird beherrscht von Tugendidealen, die abseits von Hof und Stadt entwickelt, aber im gesellschaftlichen Umgang niemals erprobt wurden: So erklärt sich ihre lebensfeindliche, selbstzerstörerische Strenge.

Die hier erörterten Umstände – das politische System, persönliche Abhängigkeiten und Charaktereigenschaften – betreffen in Lessings Drama auch die Personen des höfischen Milieus. Das Zentrum des **politischen Systems** ‚Absolutismus' ist der Hof: Alle Machtpositionen beruhen dort auf persönlichen Beziehungen zum Herrscher, dessen Vertrauen jeder höfische Adlige sucht, um seine Stellung zu festigen und gegebenenfalls auszubauen. Je nach Nähe oder Distanz zum Fürsten entsteht eine Fülle **persönlicher Abhängigkeiten** unter den Höflingen, wodurch die unangefochtene Stellung des Monarchen nur befestigt wird. Da keine Verträge nötig sind, um ihre Dauerhaftigkeit zu garantieren, kann der Fürst jederzeit Funktionsträger – wie den Kammerherrn Marinelli – austauschen. Dies gilt erst recht für seine Mätressen; das Verhalten Hettores gegenüber Orsina entspricht üblichen Gepflogenheiten. Obgleich der Fürst stets das letzte Wort behält, kann er andererseits auch von seinem höfischen Personal abhängig werden. Hettore wird zeitweise zum Komplizen Marinellis, der ihm sogar überlegen ist. Eine solche persönliche Abhängigkeit stellt auch für den Fürsten eine Gefahr dar; denn die Verwicklung in ein Verbrechen schadet seinem Ansehen und kann durchaus seine Machtstellung untergraben. Auf diesem Hintergrund erklärt sich Hettores oft hektisches und unsicheres Verhalten, das andererseits auch durch seinen **Charakter** bedingt ist. Wie Orsina – und ganz im Gegensatz zu Odoardo – ist er undiszipliniert und daran gewöhnt, seinen Emotionen und Launen freien Lauf zu lassen: Orsina kann ihre Gefühlsausbrüche und Hettore seine erotischen Begierden nicht kontrollieren. Der Kammerherr Marinelli dagegen zeigt den eindimensionalen Charakter eines typischen Höflings; er unterhält zwar Kontakte außerhalb dieses Milieus und macht sich dabei von Kriminellen abhängig, wäre aber selbst hilflos, wenn er den Hof verlassen müsste. Eben dieses Schicksal droht ihm am Ende des Dramas.

So wirken alle Figuren eigentümlich unfrei; ständig müssen sie auf Umstände reagieren, denen sie nicht oder nur unzureichend gewachsen sind. Auffällig sind in diesem Zusammenhang die vielen **Zufälle**, auf denen die Dramenhandlung beruht: Zufällig bietet der Maler Conti dem Prinzen ein Porträt der jungen Frau an, die Hettores Aufmerksamkeit erregt hat; durch Zufall erfährt Hettore ausgerechnet kurz vor der Hochzeit von der Verbindung zwischen Emilia Galotti und dem Grafen Appiani; zufällig ist Odoardo nicht mehr anwesend, als Emilia aus der Kirche zurückkehrt; dass der Weg nach Sabionetta direkt an Schloss Dosalo vorbeiführt, ist ebenfalls reiner Zufall; so auch die Tatsache, dass Orsinas Brief von Hettore nicht gelesen wurde und dieser sich trotzdem auf Dosalo befindet, als die Gräfin dort eintrifft: Die Reihe der Zufälle ließe sich fortsetzen. Gräfin Orsina ist sich der Macht des Zufalls bewusst; sie findet diesen Zustand aber unerträglich und versucht sich durch den Glauben an eine „allmächtige, allgütige Vorsicht" zu beruhigen (S. 56). Damit hat sie aber nur sehr bedingt Recht: In der Tat macht sich Marinellis Intrige einige Zufälle zunutze, wobei allerdings der planende Verstand eines Verbrechers und damit das Gegenteil einer ‚gütigen Vorsehung' am Werk ist. Aber auch Marinelli kann nicht mit allen Zufällen rechnen und Orsina selbst kommt der Zufall zu Hilfe, als sie Odoardo begegnet (S. 60). Insgesamt wird die Handlung des Dramas ganz entscheidend durch eine Häufung von Zufällen vorangetrieben.

Aus dem Befund, dass **alle Personen eher fremd- als selbstbestimmt** denken und handeln, lässt sich jedoch kein grundsätzlich pessimistisches Welt- u. Menschenbild ableiten. Lessing teilt durchaus Kants aufklärerische Ansichten. Die Möglichkeit, ein selbstbestimmtes Leben zu führen, hängt jedoch von politischen Voraussetzungen ab, die in Lessings Drama nicht gegeben sind. Auf diesen Missstand will der Dichter den Zuschauer bzw. Leser aufmerksam machen. Moralische Lebensformen könnten sich nur in einem reformierten oder grundsätzlich veränderten politischen System ungefährdet entfalten. Mit Zufällen dagegen muss der Mensch immer leben. Hier helfen nur Klugheit, Vorsicht und innere Ruhe.

Emilias Fremdbestimmung

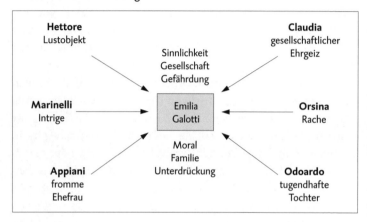

Das ‚Virginia'-Motiv

Die Geschichte der Römerin Virginia, an die Emilia Galotti ihren Vater im entscheidenden Moment erinnert (S. 78), geht auf den Geschichtsschreiber **Livius** zurück:

Livius schildert den Sturz des tyrannischen Dezemvirn Appius Claudius im Jahre 449 v. Chr. und berichtet, der Machthaber habe sich in Virginia, die Tochter des Plebejers Virginius, ... verliebt und sie vergebens zu gewinnen versucht; er habe schließlich seinem Klienten Claudius den Befehl gegeben, sie als die Tochter einer seiner Sklavinnen zu erklären, die an Virginius verkauft und von ihm als eigene Tochter ausgegeben worden sei. Bei einer ersten Gerichtsverhandlung, vor die man das Mädchen schleppte, erzwangen der Unwille des Volkes und das Dazwischentreten des Verlobten ... sowie des Onkels ... einen Aufschub bis zur Ankunft des Virginius. Vergebens versuchte Appius, diesen fern zu halten, und sprach schließlich, erzürnt über den Misserfolg seiner Absichten, Virginia wider alles Recht dem Claudius zu, bewilligte aber dem Vater eine Befragung der Amme in Gegenwart seiner Tochter. Virginius führte Virginia beiseite, ergriff aus einer Schlächterbude ein Messer und stieß es ihr in die Brust mit den Worten: „Auf diese Weise allein, meine Tochter, kann ich deine Freiheit behaupten." Die Tat löste einen Umsturz der Regierung aus, in dessen Verlauf Appius sich tötete, während Claudius zur Verbannung begnadigt wurde.[7]

Die **Parallelen** zwischen Lessings Drama und der historischen Begebenheit sind offensichtlich. Ebenso deutlich treten aber **Unterschiede** hervor: Bei Livius ist die Geschichte der Virginia in einen politischen Rahmen eingebunden. Der Vorfall ist von öffentlicher Bedeutung und erregt das Interesse des Volkes, dessen „Unwille" eine zweite Gerichtsverhandlung erzwingt. Für Virginia steht schließlich nicht nur ihre ‚Unschuld', sondern ihr gesellschaftlicher Status auf dem Spiel, den sie als Sklavin verlieren würde. Die Tat des Virginius, die nicht auf ausdrücklichen Wunsch seiner Tochter hin geschieht, führt zu einem politischen Umsturz, zum Tod des Hauptschuldigen und zur Bestrafung seines Komplizen.

Dieses Resultat versöhnt den Leser zwar nicht mit dem Tod Virginias, sorgt jedoch immerhin für eine ausgleichende Gerechtigkeit. Zudem verleiht die Beseitigung der Tyrannis der Tat des Vaters nachträglich einen Sinn, der sie – bei aller Schrecklichkeit – doch etwas erträglicher macht. Bei Lessing kann von alledem keine Rede sein. Der Schluss seines Dramas hat nicht nur allen Interpreten und Theaterkritikern, sondern dem Dichter selbst Kopfzerbrechen bereitet (vgl. *Interpretationshilfe*, S. 8). Kann man dem Todeswunsch Emilias und Odoardos Tat irgendeinen Sinn abgewinnen? Einerseits lässt sich weder eine Schuld der jungen

Frau noch gar ein Fehlverhalten erkennen, das eine solche ‚Selbst-
bestrafung' rechtfertigen würde; andererseits erscheint Emilias
Motiv, ihre Unschuld retten zu wollen, den meisten Zuschauern
und Lesern nur wenig plausibel und vielen geradezu absurd. Hinzu kommt, dass Hettore straflos bleibt und sein Verbrechen keine öffentliche Aufmerksamkeit erregt. Die von Odoardo Galotti
geforderte Gerichtsverhandlung muss wirkungslos bleiben, da
der Prinz selbst als Richter fungiert. Unter diesen Bedingungen
kann Gerechtigkeit nur im Jenseits erwartet werden (S. 79).

Lessing hat den Schluss seines Trauerspiels verteidigt: Dieses
sei auch ohne die politische Dimension des ‚Virginia'-Motivs
„tragisch genug" (vgl. *Interpretationshilfe*, S. 8). Der Germanist
Franz Mehring ist dagegen in einer Studie 1893 zu dem Schluss
gekommen, dass dem Dichter die **politische Wirkung** seines
Dramas wichtiger gewesen sei als die psychologische Glaubwür-
digkeit der Entscheidung Emilias. Wie Mehring schreibt, „blieb"
der Kleinstaatenabsolutismus zur Zeit Lessings in den meisten
deutschen Ländern unverändert das,

> *was er war und was er sein mußte: eine Sühne für seine grotesk-
> schaurigen Schandthaten gab es nicht, und so anfechtbar immer
> die Tragik der Emilia erscheint, sie wurzelte in der ... Struktur
> der Gesellschaft, worin Lessings Gestalten leben ... Über diese
> Schranke konnte der Dichter nicht hinaus.*[8]

Mit anderen Worten: Lessing will die tatsächliche, durch die
„Struktur der Gesellschaft" bedingte Ohnmacht der Galottis
darstellen, daher muss er seine Vorlage in entscheidenden Punkten abändern: Die Situation im Deutschland des 18. Jahrhunderts
lässt sich mit den politischen Verhältnissen zur Zeit der römischen Republik nicht vergleichen. Nicht nur hätte Lessing einen
‚revolutionären' Schluss dem höfischen Publikum wohl kaum
zumuten können; dadurch wäre vielmehr der Zeitbezug, der für
Schriftsteller der Aufklärungsepoche von zentraler Bedeutung

ist, verloren gegangen. Die politische Qualität der *Emilia Galotti* geht aber dadurch, dass Odoardo den Dolch der Orsina seiner eigenen Tochter und nicht dem Prinzen ins Herz stößt, gerade nicht verloren. Im Gegenteil: Der Schluss des Trauerspiels wirkt empörend. Der aufmerksame Zuschauer bzw. Leser wird weniger über Emilias Motive als über die politischen und gesellschaftlichen Verhältnisse nachdenken, die sie in eine solche Zwangslage gebracht haben. Lessings *Emilia Galotti* hat bereits, wie viele moderne Dramen, einen offenen Schluss: An die Stelle von Lösungsangeboten tritt die **Provokation**.

Das „Virginia"-Motiv

Livius „Ab urbe condita"		Lessing „Emilia Galotti"
Rom, 449 v. Chr.	→	italienisches Fürstentum, frühe Neuzeit
Appius Claudius, Tyrann	→	Hettore Gonzaga, Fürst
Claudius (Klient) als Helfer	→	Marinelli (Kammerherr) als Helfer
Intrige gegen Virginia / Virginius	→	Intrige gegen Emilia / Odoardo
Appius' Besitzanspruch auf Virginia	→	Hettores Besitzanspruch auf Emilia
Tötung der Virginia durch Virginius	→	Tötung der Emilia durch Odoardo
Verteidigung der Tugend (und des sozialen Standes)	→	Verteidigung der Tugend
öffentlicher Schauplatz (Gericht)	↔	privater Schauplatz (Lustschloss)
Einflussnahme des Volkes	↔	Volk spielt keine Rolle
politischer Umsturz	↔	Odoardo unterwirft sich Hettore
Herstellung von Gerechtigkeit	↔	Hoffnung auf Gerechtigkeit (im Jenseits)
Virginias Tod erschütternd, aber gesühnt	↔	Emilias Tod grässlich – Frage nach dem „Sinn"

Lessings zeitkritischer „Realismus":
Aufklärung und Provokation des Zuschauers

64 / Textanalyse und Interpretation

3 Struktur des Dramas

Aufbau der Handlung

Mit seinen fünf Akten, deren Verlauf eine Spannungskurve beschreibt, folgt *Emilia Galotti* der Bauform des klassischen Dramas. Der erste Aufzug fungiert als **Exposition**: Zentrale Figuren treten auf (Hettore, Marinelli) oder werden in Gesprächen vorgestellt (Familie Galotti, Appiani, Orsina); erkennbar wird auch die Leidenschaft des Prinzen für Emilia, Konflikte deuten sich an (Prinz/Odoardo, Prinz/Orsina) und Marinellis Intrige kommt zur Sprache. Der zweite Aufzug beinhaltet die **steigende Handlung**: Die bürgerliche Welt der Galottis bildet einen Kontrast zum höfischen Milieu des ersten Aufzugs, und Emilias bevorstehende Hochzeit lässt eine Auseinandersetzung wahrscheinlich werden, die sich im heftigen Streit zwischen Appiani und Marinelli bereits abzeichnet. Im dritten Aufzug erreicht die Handlung einen **Höhe- u. Wendepunkt** und schlägt in eine katastrophale Entwicklung um: Nach dem Überfall befindet sich Emilia in der Gewalt des Prinzen; sie ist unmittelbar gefährdet, ihr Verlobter ist tot und Claudia Galotti durchschaut die Zusammenhänge, wobei sie insbesondere die Reaktion ihres Ehemannes fürchtet. Mit dem vierten Aufzug beginnt die – auf eine Katastrophe zusteuernde – **fallende Handlung**: Orsina versucht Odoardo für ihren Racheplan einzuspannen und steckt ihm den Dolch zu. Entscheidende Voraussetzungen für die **Katastrophe** des fünften Aufzugs sind damit geschaffen: Emilia stirbt von der Hand ihres eigenen Vaters.

Insgesamt sind alle Ereignisse und Handlungen, Reaktionen und Gegenreaktionen eng und folgerichtig miteinander verknüpft. Vor den Augen des Zuschauers läuft ein lückenlos motiviertes Geschehen ab: Er wird unmittelbarer Zeuge aller wichtigen Entscheidungen – man denke an die beiden Intrigen, an Orsinas und Odoardos Pläne – und gewinnt durch Dialoge und Monologe Einblick in das Innenleben der Figuren.

Textanalyse und Interpretation / 65

Struktur des Dramas

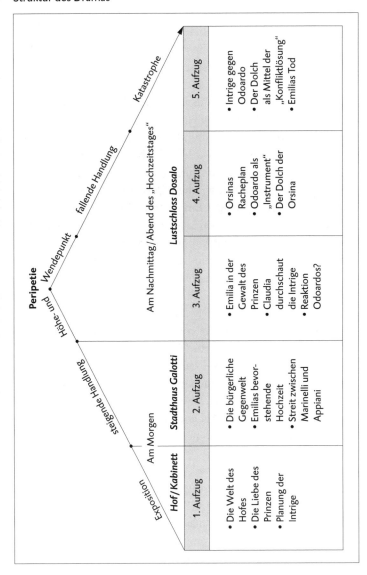

Gestaltung der Zeit

Zur engen Verklammerung der einzelnen Handlungselemente trägt auch die **Zeitstruktur** bei. Der sehr enge zeitliche Rahmen erzeugt den Eindruck, dass die Personen vom Gesetz der Kausalität beherrscht werden: Entscheidungen führen zu Handlungen, die weitere Entscheidungen und Handlungen erzwingen, auf die Gegenmaßnahmen erfolgen usw. Der zufällige Sachverhalt, dass Hettore erst am Morgen des Hochzeitstages von der geplanten Verbindung erfährt, setzt ihn und schließlich alle Figuren einem ungeheuren Zeitdruck aus. Dieser hält ohne Verzögerungen (sog. ‚retardierende Momente‘) bis zum Ende des Dramas an. Noch in der letzten Unterredung zwischen Odoardo und seiner Tochter muss in kürzester Zeit über Emilias Schicksal entschieden werden. Wenn das Stück auch keine genauen Zeitangaben bereithält, wird man aufgrund der am Morgen einsetzenden Handlung und der dichten Ereignisabfolge für die Gesamtdauer weniger als einen Tag ansetzen müssen. Lessing befolgt hier die **Einheit der Zeit**, die Aristoteles (384–322 v. Chr.) in seiner *Poetik* für die Tragödie vorsah (diese sollte einen Zeitraum von 24 Stunden nicht überschreiten), eher zufällig; denn der zeitliche Ablauf ergibt sich aus der Logik des Geschehens. Die beiden anderen ‚Einheiten‘ – Handlung und Schauplatz – werden nicht berücksichtigt: Es gibt verschiedene Schauplätze und eine Nebenhandlung um Orsina.

Neben den sonstigen determinierenden Umständen (s. *Interpretationshilfe,* S. 57 ff.), trägt auch der dauernde **Zeitdruck** zur Fremdbestimmung der Personen erheblich bei.

Funktion der Schauplätze

Zeit und Raum sind keine neutralen Gegebenheiten in Lessings Drama, sondern aufschlussreiche Bestandteile der Handlung: Die Zeitstruktur ergibt sich aus der Situation der Figuren unter dem Einfluss von Zufällen und Intrigen; sie müssen möglichst schnell handeln, um ihre Interessen durchsetzen bzw. sich gegen

Übergriffe wehren zu können. Die **Schauplätze** entsprechen nicht nur dem Geschehensverlauf, sondern sie **symbolisieren** zugleich **die beiden Welten**, deren Konflikt zur Katastrophe führt. Der erste Aufzug spielt im Kabinett des Prinzen, dem Zentrum höfischer Macht, wo auch Entscheidungen über Leben und Tod gefällt werden. Im Kontrast dazu repräsentiert das Stadthaus der Galottis im zweiten Aufzug die bürgerliche Gegenwelt. Hauptschauplatz ist das Lustschloss Hettores (3., 4. und 5. Akt), der Ort seiner privaten Leidenschaften; absolute Herrschaft erweist sich hier als Fassade eines schrankenlosen Despotismus. Odoardos Landgut Sabionetta und Appianis Grafschaft in den Tälern von Piemont bilden den Gegenpol zu Dosalo. Fern vom Hof sollen diese Orte ein selbstbestimmtes und naturverbundenes Leben, das sich an bürgerlichen Tugenden ausrichtet, ermöglichen. Sie sind aber keine Schauplätze des Dramas, sondern werden nur erwähnt. Denn die mit ihnen verbundene Lebensform bleibt eine Utopie, weil sie unter den gegebenen politischen Verhältnissen einer ständigen Gefährdung ausgesetzt ist.

Die Schauplätze des Dramas

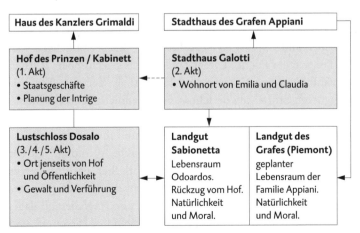

4 Form und Theorie des Dramas

Lessing bezeichnet *Emilia Galotti* im Untertitel als ein *Trauerspiel in fünf Aufzügen*. Germanisten verwenden in der Regel die genauere Gattungsbezeichnung **Bürgerliches Trauerspiel** bzw. **Bürgerliche Tragödie**. Ein solches Drama

gestaltet das Schicksal von Menschen bürgerlichen Standes. Mit der Entwicklung der bürgerlichen Tragödie vollzog sich eine entschiedene Abwendung von den seit Renaissance und Barock vertretenen Anschauungen, nach denen die Tragödie das Medium zur Darstellung der Schicksale hoher Standespersonen sei, während der Bürger, dem die Fähigkeit zu tragischem Erleben fehle, nur in der Komödie als Hauptfigur auftreten könne. – Die Entstehung des bürg. Trauerspiels ist danach eine Folge der Emanzipationsbewegung des Bürgertums, das während der Aufklärung in neuem Selbstgefühl die bestehende Ordnung einer kritischen Analyse unterzog und anstelle der ständischen Wertungen ethische Werte (der Tugend, Sittlichkeit, Würde etc.) setzte ... [9]

Die Dichtungslehren der Renaissance (15./16. Jh.) und des Barock (17. Jh.) beziehen sich mit ihrer Auffassung, dass nur Personen ‚von Stand' Tragödienhelden sein können, auf den griechischen Philosophen **Aristoteles** (384–322 v. Chr.), den ersten Verfasser einer Poetik. Dieser fand in den griechischen Mythen (Erzählungen von Göttern und Helden) die für eine Tragödie geeigneten Stoffe: Sie berichten von – zumeist schrecklichen – Situationen, in die Familien aus vornehmen Geschlechtern verwickelt sind, und erzeugen schon aufgrund ihres Bekanntheitsgrades beim Zuschauer eine starke tragische Wirkung. Seit der Renaissance spricht man hier von dramatischer ‚**Fallhöhe**': Nur wer sozial ‚hoch' angesiedelt ist, kann in der Katastrophe entsprechend ‚tief stürzen'. Der Zuschauer der Tragödie soll dabei nach Aristoteles **Mitleid** (mit den handelnden Personen) und

Schrecken bzw. Furcht (bezogen auf ihn selbst in ähnlichen Lebenslagen) empfinden. Je stärker diese Affekte erregt werden, desto leichter kann sich die Seele (bzw. Psyche) von ihnen ‚reinigen‘. Der Begriff **Katharsis** (Reinigung) bezeichnet diesen psychischen Prozess, der zu innerer Ausgeglichenheit führt.

Auch **Lessing** bestimmt in seiner *Hamburgischen Dramaturgie* die **Erregung von Mitleid und Furcht** als wichtigste Aufgabe des Dramatikers. Im Unterschied zu Aristoteles begreift er diese psychischen Zustände jedoch nicht als Affekte, von denen man sich befreien sollte, sondern – im Sinne eines menschenfreundlichen (Mitleid) und vorsichtigen Verhaltens (Furcht) – als Tugenden, die es zu pflegen gilt. Nach einer Formulierung von Fr. Schiller wird das **Theater** so zu einer ‚**moralischen Anstalt**‘. Voraussetzung dafür ist, wie Lessing meint, die **Identifikation** des Zuschauers mit den handelnden Figuren:

> *Die Namen von Fürsten und Helden können einem Stück Pomp und Majestät geben; aber zur Rührung tragen sie nichts bei. Das Unglück derjenigen, deren Umstände den unsrigen am nächsten kommen, muß natürlicherweise am tiefsten in unsere Seele dringen.*[10]

Die Entstehung des Bürgerlichen Trauerspiels im Zeitalter der Aufklärung (18. Jh.) erklärt sich also nicht nur aus dem Aufstieg eines selbstbewussten Bürgertums, dem die – zweitrangige – Gattung ‚Komödie‘ nicht mehr genügt. Menschliche Schicksale sind vielmehr in allen gesellschaftlichen Schichten anzutreffen, und ein bürgerlicher Autor wird für sein Publikum Figuren wählen, die ihm möglichst nahe stehen; hinzu kommt, dass das Bürgertum ja beansprucht, die ‚Menschheit allgemein‘ zu repräsentieren (vgl. *Interpretationshilfe,* S. 54). Ein unglücklicher Mann, der „Wohlstand" und „Ehre" verliert und schließlich ins Gefängnis kommt, weil „unwürdige Freunde" ihn verführt haben, ist – unabhängig von seinem Stand – eine tragische Figur; denn er ist ohne Vorsatz, jedoch mangelnder Vorsicht wegen schuldig geworden. Um die „Vorfälle" darzustellen, die ihn so weit gebracht haben, muss der Dichter versuchen,

> notwendig einen aus dem andern entspringen zu lassen; wird er suchen, die Leidenschaft nach eines jeden Charakter so genau abzumessen ..., daß wir überall nichts als den natürlichsten, ordentlichsten Verlauf wahrnehmen; daß wir bei jedem Schritte, den er seine Person tun läßt, bekennen müssen, wir würden ihn ... selbst getan haben.[11]

Auf *Emilia Galotti* treffen einige wichtige Merkmale des Bürgerlichen Trauerspiels zu: Gezeigt wird die „Konfrontation des Bürgertums mit der Adelswillkür"[12] insofern, als die Familie Galotti bürgerliche Wertvorstellungen repräsentiert, die den Handlungsverlauf entscheidend bestimmen.

Andererseits: Lessing beurteilt die **bürgerliche Welt** überaus kritisch – sie bildet **kein positives Gegenmodell** zum höfischen Milieu; bürgerliche Tugenden erweisen sich unter extremen Bedingungen als selbstzerstörerisch; und anders als im erwähnten Beispiel eines von Freunden verführten Mannes ist eine ‚Schuld' wie etwa Leichtsinn bei Emilia nicht auszumachen. Die Dramenhandlung nimmt zwar den „ordentlichsten Verlauf" (lückenlose Motivation); ob sie dem Zuschauer aber auch ‚natürlich' erscheint, ist fragwürdig. Kann insbesondere der Schluss wirklich Mitleid erregen, oder ist er aufgrund seiner Schrecklichkeit nicht einfach nur abstoßend? Solche Probleme haben die Rezipienten von Anfang an beschäftigt. Einige Interpreten kommen zu dem Ergebnis, dass *Emilia Galotti* als Bürgerl. Trauerspiel beginnt, sich jedoch von der Planung der Intrige an (I,6) zu einem **politischen Drama** entwickelt. Dieses klagt in erster Linie die Herrschaftsverhältnisse an, welche eine verzweifelte Gegenwehr der Bürger erzwingen. Für ein solches Verständnis sprechen auch einige frühere Überlegungen (vgl. *Interpretationshilfe*, S. 61 ff.).

Textanalyse und Interpretation / 71

Entwicklung des Dramas

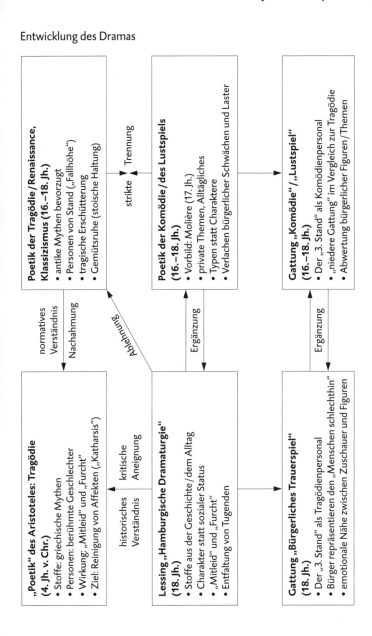

5 Figurensprache und Kommunikation

Einige Merkmale der Sprachgestaltung gelten für **alle Figuren**. Der Zeitdruck, unter dem sie stehen, das Gewicht der zu treffenden Entscheidungen, die Notwendigkeit schnellen Reagierens – alle diese Umstände bestimmen ihr Dialogverhalten, das durch **Hektik und Eile** gekennzeichnet ist. Rede und Replik (Gegenrede) sind daher eng verknüpft, unvollständige Sätze (Ellipsen) und Ausrufe kommen häufig vor; in erregten Momenten fallen sich die Gesprächspartner ins Wort. Manches bleibt ungesagt, vieles wird nur angedeutet: Was hat sich beispielsweise abgespielt, nachdem Emilia vom Prinzen ‚abgeführt‘ wurde? Wie ist die Begegnung zwischen Emilia und Hettore in der Kirche tatsächlich verlaufen? Im ersten Fall kann der Zuschauer nur raten, im zweiten hat er immerhin verschiedene Versionen des Geschehens zur Verfügung (Hettore, Orsina, Emilia). Der Spannungssteigerung dienen **Andeutungen**, die auf künftige Pläne hinweisen; so wenn etwa Marinelli dem Prinzen seine intriganten Absichten noch nicht verrät (S. 16 f., 68) oder Odoardo sich fragt, ob seine Tochter Emilia das „wert wäre", was er für sie tun will (S. 75). Häufig unterbrechen **Wortwiederholungen** und **Wortspiele** den Redefluss der Figuren; in ihnen kommen der Charakter und die emotionale Situation der Figuren sowie die Qualität der Beziehungen zwischen ihnen zum Ausdruck: Fassungslos wiederholt Odoardo die Formulierungen seiner Frau, als Claudia vom galanten Verhalten Hettores berichtet (S. 23 f.); der Kammerherr Marinelli versteckt seine Absichten hinter einem zynischen Spiel mit den Worten „Glück" und „Unglück", als er Emilia Galotti auf Dosalo empfängt (S. 42).

Die Tatsache, dass sprachliche Äußerungen die Realität oft **nicht zuverlässig** wiedergeben, rückt Lessings Trauerspiel in die Nähe moderner Dramen des 20. Jahrhunderts, in denen sich Verständigung als unmöglich erweist.

Durch **individuelle Sprachprofile** werden die einzelnen Figuren in *Emilia Galotti* charakterisiert. Deren sprachlicher Ausdruck und ihre Dialogstrategien lassen sich grundsätzlich unter dem Gesichtspunkt ihrer Standeszugehörigkeit unterscheiden.

In der **Familie** Galotti herrscht ein offener Umgangston und ebenso klar liegen die kommunikativen Machtstrukturen zutage: Odoardo behält stets das letzte Wort (u. a. S. 20, 24). Trotz der förmlichen Anrede, die Emilia gegenüber ihren Eltern verwendet, kommen Gedanken und Gefühle im intimen Umgang zwischen Mutter und Tochter ohne alle Verstellung zum Ausdruck (S. 24–28). Dies gilt auch für Odoardo und Claudia, die ihre unterschiedlichen Auffassungen zwar nicht ‚diskutieren', aber beim Namen nennen (S. 19/29, 22–24). Gefühle von Zuneigung und Bewunderung werden in einer empfindsamen Sprache formuliert, die für das Bürgertum der Aufklärungsepoche ganz typisch ist. Odoardo und Appiani verwenden sie, wenn einer den anderen schwärmerisch charakterisiert (S. 22, 29); ebenso Emilia und Appiani (S. 28–30), wenn auch die – vom Hof beeinflusste – Sprache des Grafen etwas steif und gezwungen wirkt. Sprache dient schließlich dem kritischen Nachdenken über die eigene Person. Dies gilt u. a. für Odoardos drei Monologe oder auch für Emilia, wenn diese sich als „albernes, furchtsames Ding" bezeichnet (S. 28).

Insgesamt liegt dem bürgerlichen Sprachgebrauch der Familie Galotti ein **Ideal von Kommunikation** zugrunde: Angestrebt werden Offenheit und Aufrichtigkeit im Umgang miteinander, ein empfindsamer Gefühlsausdruck und vernünftige Selbststeuerung in der Auseinandersetzung mit Affekten oder sonstigen persönlichen Schwächen. Auf eine kurze Formel gebracht, sind das die – seit der Antike bekannten – Ideale des Wahren, Schönen und Guten. Dieses ‚Programm' scheitert in allen Punkten an den politischen Verhältnissen wie auch an Odoardos engstirniger Sittlichkeit: Emilias Begegnung mit dem Prinzen wird ihm verschwiegen, und als er davon erfährt, hält er sogar eine Komplizenschaft zwischen seiner Tochter und Hettore für möglich; der Verlauf der Intrige setzt die Sprache der Empfindsamkeit außer Kraft und löst heftige Gefühlsausbrüche einerseits (Claudia, Odoardo), radikale Triebunterdrückung andererseits (Odoardo, Emilia) aus; und an die Stelle vernünftiger Selbstkontrolle tritt am Ende des Dramas eine selbstzerstörerische Schicksalsergebenheit, die sich einer pathetischen Sprache bedient (S. 78). Das Scheitern bürgerlicher Ideale und die These, dass sich das Bürgerliche Trauerspiel zu einem politischen Drama entwickelt (vgl. *Interpretationshilfe,* S. 70), lässt sich somit anhand der Figurensprache belegen: Wesentliche Merkmale idealer bürgerlicher Kommunikation (s. o.) sind im zweiten Aufzug noch vorhanden, werden aber schon hier und im weiteren Verlauf immer mehr zugunsten eines fremdbestimmten und hektischen Sprachverhaltens zurückgedrängt.

Für die **Personen des höfischen Milieus** ist Sprache in erster Linie ein **Instrument** zur Durchsetzung ihrer Interessen. Dabei sind ihnen alle Mittel recht: **Marinellis** Gesprächsstrategie beruht auf Verstellung, Lüge, gezielten Andeutungen und bewussten Verzögerungen, wobei eine betont höfliche, formelhafte Ausdrucksweise die eigentlichen Absichten verschleiern soll. Damit hat er Hettore gegenüber Erfolg (I,6; IV,1), stößt jedoch bei Claudia (III,8) und Orsina (IV,3; IV,5) auf Widerstand. Während diese Personen ihren Gefühlen freien Lauf lassen, sich zu ihren Absichten bekennen und eine Aufklärung der Umstände anstreben, ist der **Prinz** zu einem ähnlich vorsichtigen Taktieren gezwungen wie Marinelli. Geschickt vermeidet er jede direkte Anweisung (S. 16, 68), andererseits ist ihm Marinellis „Verstellung" zuwider (S. 49). Er kann es sich als Herrscher leisten, seinem Ärger durch Drohungen, Beschimpfungen und zynische Bemerkungen Luft zu verschaffen (III,1; IV,1), wenn er auch kurz darauf oft wieder einlenken muss (S. 52), da er letztlich auf seinen Komplizen angewiesen ist. Aufgrund solcher Stimmungs-schwankungen ist er nicht in der Lage, den Verlauf der Gesprä-che zu bestimmen, und nur dort ‚souverän‘, wo er seine Rolle mit Marinelli abgesprochen hat und an dessen Seite agiert (V,5). **Gräfin Orsina** dagegen, die gleichfalls vor direkten Beleidigun-gen nicht zurückschreckt (S. 54 f.), folgt – bei aller Emotionalität – ihrem scharfen Verstand und entlarvt Marinellis verschleiernde Sprache, indem sie seine Wortwahl als „Philosophin" analysiert (S. 55 f.). Während sie hier Aufklärung im besten Sinne betreibt, zeigt Orsina im Gespräch mit Odoardo, dass auch sie Sprache als Instrument benutzt und dabei ähnliche Strategien wie Marinelli anwendet (IV,7).

6 Interpretation von Schlüsselstellen

Ein Schlagabtausch zwischen dem Prinzen und Marinelli (IV,1)

Beide Personen stehen zu Beginn des Dialogs noch ganz unter dem Eindruck der Begegnung zwischen Emilia und ihrer Mutter, deren Zeuge sie waren. Sie deuten Claudias Verhalten jedoch unterschiedlich: Marinelli spottet über Claudias „Wut" und ihr plötzlich „zahm(es)" Verhalten, das er auf ihren Respekt vor Het-tore zurückführt. Dieser beurteilt den Sachverhalt realistischer und verweist auf Emilias Einfluss, die ihrer Mutter „ohnmächtig in die Arme" gestürzt sei. Was er dabei vernommen hat – die Nachricht vom Tod Appianis – scheint ihn stark zu beunruhigen (S. 49). Damit ist ein **erstes zentrales Gesprächsthema** ange-schnitten: Wer trägt die Verantwortung für das Verbrechen?

Seiner untergeordneten Position entsprechend verhält sich Marinelli zunächst zurückhaltend und lässt den Wutausbruch des „unschuldig(en)" Prinzen – aufgeregte Fragen und Ausrufe häufen sich hier (S. 49) – über sich ergehen. Den konkreten Vor-wurf, er hätte Hettore nicht über den geplanten Mordanschlag informiert, greift der Kammerherr jedoch wortwörtlich auf und versucht ihn durch eine Wiedergabe des Geschehens zu entkräften: Der Graf habe zuerst geschossen und damit Angelo provoziert. Von grundsätzlicher Qualität ist sein zweites Argument, mit dem er dem Prinzen das Versprechen in Erinnerung ruft, ihm mögliche „Unglücksfälle" nicht persönlich anzurechnen (S. 50). Hettore reagiert ironisch; er selbst glaubt nicht an einen „Zufall" und vermutet vielmehr einen gezielten Anschlag auf Appiani. Hier klingen schon die späteren Überlegungen Orsinas zum Thema ‚Zufall oder Vorsehung?' an.

In einem dritten Anlauf versucht Marinelli seine Unschuld zu beweisen, indem er das ausstehende Duell zwischen ihm und Appiani erwähnt; der Tod des Grafen schade ihm, denn er könne nun seine „Ehre" nicht wiederherstellen. Sein Bedauern über den unglücklichen Vorfall kleidet Marinelli in eine hoch pathetische Sprache, die angesichts dessen, was man über seinen Charakter weiß, empörend und unfreiwillig komisch zugleich wirkt. Diese Sprache der Verstellung und Lüge durchschaut Hettore mühelos; er gibt jedoch nach und will sich zwingen, an den „Zufall" zu glauben, ohne davon im Mindesten überzeugt zu sein (S. 50).

Mit der Frage des Prinzen, ob aber Emilia und ihre Mutter einen „Zufall" annehmen werden, erreicht der Dialog nun sein **zweites zentrales Thema**: Die Auswirkungen des Verbrechens auf Hettores Situation. Diese Frage beschäftigt den Prinzen weit mehr als der Todesfall selbst: Werde man ihn nicht einer Tat verdächtigen, die er „gar nicht einmal begangen" hat, und sei er deswegen nicht gezwungen, „von Stund' an alle Absicht auf Emilien aufzugeben?" (S. 51). Marinelli, der sich in dieser Gesprächsphase wieder auf kurze Redebeiträge zurückzieht, muss die Befürchtungen seines Herrn bestätigen; zugleich will er den Prinzen mit der Bemerkung beruhigen, Emilia wäre für ihn auch dann nicht erreichbar, wenn Appiani noch lebte. Darauf reagiert

Hettore mit einem weiteren Zornesausbruch; doch er fasst sich „gleich wieder" und beschreibt – erneut in bittere Ironie verfallend – Marinellis kaltblütige Einschätzung der Lage. Er selbst aber wehrt sich heftig dagegen, Appianis „Tod" als „Glück" anzusehen, und nimmt eine – sehr zweifelhafte – Unterscheidung zwischen jenem großen und „einem kleinen Verbrechen" vor, das er im Falle des Erfolgs akzeptiert hätte. Der Anschlag auf den Grafen dagegen „hätte den Weg zwar gereiniget, aber zugleich gesperrt". Verantwortlich für diese unsinnige Tat sei Marinelli mit seinen „weisen, wunderbaren Anstalten" (S. 51).

Der vernichtenden Ironie Hettores begegnet der Kammerherr daraufhin mit einem schlagenden Argument, das zum **Thema der Verantwortung** zurückkehrt: Nun geht es nicht mehr um die Verantwortung für das Verbrechen selbst, sondern für seine Auswirkungen auf den Prinzen und auch Marinelli. Ebenso vorsichtig wie zielstrebig entwickelt Marinelli seine Gesprächsstrategie: Höflichkeitsformeln und abmildernde Einschränkungen, die allerdings den Kern der Sache nicht betreffen, sollen dafür sorgen, dass der Prinz den entscheidenden Vorwurf ohne Widerstand zur Kenntnis nimmt: Hettore selbst habe durch sein ungeschicktes Verhalten in der Kirche Marinellis Plan durchkreuzt und den Verdacht auf sich gelenkt; ohne diesen Vorfall hätten weder die Mutter noch die Tochter „von der Liebe des Prinzen" etwas gewusst (S. 51 f.). Hettore scheint tief betroffen zu sein und muss Marinelli Recht geben. Dessen Erfolg beruht auf seinem überlegenen Vorgehen: Er eröffnet dem Prinzen nach und nach – in wohl dosierten Portionen – seine Überlegungen, die er in eine Reihe von bohrenden Fragen kleidet, womit er Hettore in zunehmende Erregung versetzt. So kann dieser sich den Argumenten seines Kammerherrn nicht entziehen. Am Ende des Dialogs steht ein Rollentausch: Marinelli hat das Streitgespräch für sich entschieden und sein Herr muss sich geschlagen geben.

Textanalyse und Interpretation

Der Dolch der Orsina – ein Mittel der Konfliktlösung? (V,7)

Emilia, die vom Prinzen – in III,5 – ‚abgeführt' wurde und in der Zwischenzeit seinen Verführungsversuchen ausgesetzt, den Blicken des Zuschauers aber entzogen war, betritt erst im vorletzten Auftritt wieder die Bühne. Über das Geschehen auf Dosalo nicht informiert, wundert sie sich über die Unruhe ihres Vaters. Odoardo hingegen, der gerade auf der Flucht vor seinen eigenen Ideen das Schloss verlassen wollte, ist über Emilias Ruhe erstaunt – es handelt sich allerdings um die Ruhe der Resignation. Der Gemütszustand der beiden Personen ändert sich allerdings rasch, nachdem der Tod des Grafen für Emilia endgültig zur Gewissheit geworden ist: Während Odoardo sich zunehmend fasst und seine anfängliche Unruhe endgültig verliert, als er Emilias Unschuld erkennt (S. 76), will diese so schnell wie möglich „fliehen". Kurze Sätze und Satzbruchstücke – hektisch aneinander gereiht – lassen ihre wachsende Aufregung und ihre Empörung angesichts von Zwang und Gewalt erkennen. Odoardo ist gerührt, zerstreut doch diese Reaktion jeden früheren Verdacht gegen seine Tochter, doch macht er sich und ihr keine Illusionen: Emilia bleibe, wo sie sich auch aufhalte, in den Händen ihres „Räubers" (S. 76). Die wieder gewonnene Nähe zu seiner unschuldigen Tochter ermutigt ihn, diese über die weiteren Absichten Hettores aufzuklären. Seine drastische Ausdrucksweise („… o des höllischen Gaukelspieles! – reißt er dich aus unsern Armen …", S. 77) hat den gewünschten Erfolg: Er appelliert an Emilias moralische Entrüstung, die sich zu fassungsloser Wut steigert; ihre hektischen Wortwiederholungen münden in einen Ausruf, der das weitere Geschehen schon vorwegnimmt: „Als ob wir, wir keinen Willen hätten, mein Vater!" (S. 77) Dieses **Bündnis zwischen Vater und Tochter** bekräftigt Odoardo, indem er von seiner ursprünglichen Absicht, den Prinzen zu töten, berichtet. Er kennt Emilia genau genug, um zu wissen, dass sie eine solche Tat verabscheut. Und er kann ohne weiteres absehen, dass der hervorgezogene Dolch ihre Gedanken in eine andere Richtung lenken wird, die seinen – im Monolog angedeuteten – Absichten (S. 75) entspricht. Tatsächlich fasst Emilia den Freitod als ‚Konfliktlösung' ins Auge. Odoardos Zögern kann – wie schon im Monolog – als ein Zurückschrecken vor dieser Handlung gedeutet werden. Oder handelt es sich um ein taktisches Vorgehen?

Wie dem auch sei: Emilia fürchtet nicht äußere Gewalt, sondern die Bedrohung ihrer „Unschuld" durch „Verführung", der sie hilflos ausgeliefert wäre, weil sie nun einmal „so jugendliches, so warmes Blut" und „Sinne" habe. Wie ihr im „Haus der Grimaldi" bewusst wurde, seien nicht einmal die „strengsten Übungen der Religion" in der Lage, sie vor ihren Trieben zu schützen (S. 77). Odoardo bringt an dieser Stelle erneut den **Dolch** der Orsina ins Spiel, der – als Gegenstand und Begriff – ein **Leitmotiv des zweiten Dialogteils** darstellt; er will Emilia darauf hinweisen, was es bedeutet, einen Selbstmord auszuführen. Doch diese lässt sich – nur noch auf die ‚Rettung ihrer Unschuld' fixiert – von ihrem Vorhaben nicht mehr abbringen und will sich mit der Waffe schon „durchstoßen", die ihr Odoardo noch im letzten Moment entwenden kann. Sein Kommentar ist aufschlussreich: „Nein, das ist nicht für deine Hand." (S. 78) – er selbst will die Tat ausführen.

Als sie den „Dolch" durch eine „Haarnadel" ersetzen will, von der vorher schon die Rede war (S. 77), löst Emilia eine „Rose" aus ihrem Haar. Diese ist ihr einziger Schmuck und zugleich Symbol ihrer Unschuld bzw. Jungfräulichkeit; sie erinnert an die erste Begegnung mit Appiani und das Hochzeitskleid, zu dessen schlichter Schönheit sie passen sollte (S. 30). Nun aber gehört sie nicht „in das Haar einer – wie mein Vater will, daß ich werden soll" (S. 78). Emilias Fremdbestimmung durch den väterlichen Willen erreicht in dieser Aussage ihren Höhepunkt: Der Satz wird – auf Kosten seiner grammatikalischen Korrektheit – unterbrochen und in eine Richtung gelenkt, die völlig offen lässt, wie Emilia sich selbst sieht und was sie eigentlich „werden" will oder – nach Odoardos Willen – „werden" soll. Diese ‚Leerstelle' weist auf eine – für Emilia typische – Unfähigkeit hin, einen eigenen Lebensentwurf zu entwickeln. Sie wird ‚ausgefüllt' durch christliche und antike Vorbilder, auf die sie als gebildete Bürgertochter zurückgreifen kann: Emilia spielt zunächst auf die Märtyrer und „Heiligen", dann auf die Geschichte der Virginia (S. 77 f.) an. Die Gedanken ihres Vaters erratend und mit dessen Widerstand rechnend, weist sie Odoardo die Rolle des Virginius zu und bezweifelt zugleich, dass er ihr wirklich gewachsen ist. Damit fordert sie ihn endgültig heraus: Odoardo „durchsticht" sie und ist sogleich entsetzt über seine Tat, die Emilia mit einem poetischen Bild kommentiert: Die „**Rose**" – ein **zweites Leitmotiv** dieser Dialogphase – hatte sie schon vorher „zerpflückt"; nun ist sie „gebrochen" und ihre Unschuld damit vor dem „Sturm" der Leidenschaften gerettet. Emilias Worte wirken wie ein literarisches Zitat; sie wirken aufgesetzt und scheinen nicht wirklich aus dem Inneren der Person zu kommen. Sie versucht hier zum dritten Mal – nach ihrer Identifikation mit den heiligen Märtyrern und der römischen Virginia – ihren Freitod zu rechtfertigen. Dass sie dafür keine eigene, individuelle Sprache findet, sondern sich auf weit entfernte Vorbilder und poetische Formeln beziehen muss, spricht erneut für ihre Fremdbestimmtheit. Zugleich zeigt sich, dass Odoardos schreckliche Tat zwar dem historischen Vorbild nacheifert, in der vorliegenden Situation aber keine vernünftige Konfliktlösung darstellt.

Werk und Wirkung

Der von Lessing befürchtete Skandal blieb aus: Erste Rezensionen nach der **Uraufführung** gingen nicht auf die politische Dimension der *Emilia Galotti* ein, sondern widmeten sich einer kritischen Betrachtung der Charaktere, der Handlungslogik und der Inszenierungen. An den Aufführungen des Trauerspiels in **Berlin, Hamburg und Wien** (1772) wurden insbesondere die mittelmäßigen Schauspielerleistungen hervorgehoben. Lessings Verlobte Eva König berichtet von der Reaktion des österreichischen Kaisers Joseph II.: Dieser habe nach eigener Auskunft

in keiner Tragödie so viel gelacht ... Und ich kann sagen: daß ich in meinem Leben in keiner Tragödie so viele habe lachen hören ...

Die literaturkritische Auseinandersetzung mit Lessings Drama bewegt sich seit dem **18. Jahrhundert** zwischen Zustimmung und Ablehnung; wie bei keinem anderen Theaterstück dieser Zeit gehen die Meinungen auseinander: Während einerseits die „unnachahmliche Ökonomie" der Handlungsführung ebenso gelobt wird wie die lebensnahe und psychologisch durchdachte Gestaltung der Figuren, beanstanden prominente Autoren wie Johann Wolfgang v. Goethe (1749–1832) und Friedrich Schlegel (1772–1829) die allzu konstruierte Künstlichkeit der Dramenhandlung. „Es ist alles nur gedacht", schreibt Goethe und Schlegel wird noch deutlicher:

Man mag es bewundern, dieses in Schweiß und Pein producirte Stück des reinen Verstandes ..., denn ins Gemüth dringt nichts und kann nichts dringen, weil es nicht aus dem Gemüth kommt ...

Dass es Lessing nicht gelungen sei, *Mitleid* und *Furcht* im „Gemüth" des Zuschauers zu erregen, wird v. a. auf den Dramenschluss zurückgeführt. Für Goethe ist Emilias Freitod nur nachvollziehbar, wenn man annimmt, dass sie in Hettore verliebt sei und so wirklich Grund habe, um ihre Unschuld zu fürchten; doch diese Möglichkeit werde im Stück nur schwach „angedeutet".

Skeptische und ablehnende Beurteilungen des Trauerspiels überwiegen auch im **19. Jahrhundert**. Gleichzeitig wird dessen politische Qualität nun entdeckt und von verschiedenen Seiten in Anspruch genommen: Im Vorfeld der Märzrevolution (1848) interpretiert man *Emilia Galotti* als ein Manifest gegen Fürstenwillkür und Despotismus; ein wichtiges Werk der Nationalliteratur, in dem die Tugenden des deutschen Bürgertums zum Ausdruck kommen, sehen konservative Autoren nach 1871 – zur Zeit des Kaiserreichs – in Lessings Drama. Genau umgekehrt deutet gegen Ende des Jahrhunderts der Marxist Walter Mehring den häufig kritisierten Schluss des Trauerspiels als konsequente Darstellung der politischen Ohnmacht eben dieses Bürgertums.[13]

Während des **Nationalsozialismus** (1933–1945) wird *Emilia Galotti* zwar nicht verboten, aber nur selten inszeniert und kaum an den Schulen behandelt. Aus Sicht der völkischen Ideologie, nach der Literatur das Gemeinschaftsgefühl der ‚deutschen Rasse' stärken und positive Lösungen aufzeigen soll, konnte das Werk kein Vorbild sein, mündet es doch in eine individuelle und folgenlose Verzweiflungstat. **Nach Kriegsende** stand das Trauerspiel zunächst im Schatten anderer bedeutender Theaterstücke wie *Faust* und *Iphigenie auf Tauris* (J. W. v. Goethe), die man – nach der totalen politischen Bevormundung im Faschismus – gerade wegen ihres unpolitischen Charakters bevorzugte.

Die **Studentenrevolte von 1968** führte dann zu einer Politisierung des intellektuellen Klimas in der Bundesrepublik. Doch kam diese Entwicklung der Beschäftigung mit *Emilia Galotti* in Theater und Schule nicht unmittelbar zugute. Nun wurden moderne politische Dramen, vor allem die Werke Bertolt Brechts (1898–1956), zu einer starken Konkurrenz für die so genannten ‚Klassikerleichen' aus dem 18. und 19. Jahrhundert. Eine neue Generation von Germanisten betrachtete sie als Produkte einer veralteten Ideologie, gegen die man sich im Namen linker – vor allem marxistischer – Weltanschauungen wendete.

Erst die **80er-Jahre** brachten eine ideologische ‚Entkrampfung' mit sich: Die Einsicht, dass Lessing bürgerliche Ideale kritisiert und, anstatt Lösungen anzubieten, Fragen aufwirft, galt nun als Beleg für die ‚Modernität' seines Trauerspiels. Viele Interpreten sahen hier sogar Übereinstimmungen mit Brechts späterer Theorie des Epischen Theaters, das auf die Aktivierung des Zuschauers durch eine offene Dramenstruktur abzielt.

Bis heute ist G. E. Lessings *Emilia Galotti* ein überraschend **aktuelles Theaterstück** geblieben. Es hat immer wieder provokative Inszenierungen herausgefordert und dem Literaturunterricht an Universität und Schule starke Impulse vermittelt.

Zeitgenössischer Kupferstich zur Schlussszene von „Emilia Galotti". Johann Georg Buchner (Urheber), C. Meyers Kunst-Anstalt (Stecher). © Schiller-Nationalmuseum, Deutsches Literaturarchiv, Marbach

Literaturverzeichnis

Verwendete Textausgabe

LESSING, GOTTHOLD EPHRAIM: *Emilia Galotti. Ein Trauerspiel in fünf Aufzügen.* Anmerkungen von Jan-Dirk Müller. Stuttgart: Philipp Reclam jun. 2001 (RUB 45).

Empfehlenswerte Sekundärliteratur

DREWS, WOLFGANG: *Gotthold Ephraim Lessing.* Hamburg 1992 ff.: Rowohlts Monographie Nr. 75.

Diese Biografie ist älteren Datums (1963), bietet aber nach wie vor eine gute und preiswerte Darstellung von Lessings Leben im Rahmen der historischen und literarischen Epoche. Zahlreiche Abbildungen sowie ausführlich wiedergegebene Dokumente sorgen für Anschaulichkeit.

GUTHKE, KARL S.: *Das deutsche bürgerliche Trauerspiel.* 5., überarbeitete und erweiterte Auflage. Stuttgart, Weimar: Metzler 1994 (Sammlung Metzler 116).

Dieses ebenso präzise wie übersichtliche Standardwerk für Schule und Studium untersucht die Entstehung und Entwicklung des Bürgerlichen Trauerspiels. Friedrich Schillers Drama *Kabale und Liebe,* das eine ausführliche Besprechung erfährt, wird in den für das Textverständnis wichtigen gattungsgeschichtlichen Zusammenhang gerückt.

JASPER, WILLI: *Lessing – Aufklärer und Judenfreund. Biographie.* Berlin: Propyläen 2001.

Die neueste und ausführliche Darstellung von Lessings Lebensgeschichte richtet sich an fortgeschrittene Leser, die mit den Grundzügen der Biografie des Autors bereits vertraut sind. Der Verfasser entwickelt Lessings literarische, philosophische und theologische Auffassungen aus der zeitgenössischen Diskussion, wobei viele andere Positionen zu Wort kommen. Das Werk enthält wertvolle Informationen und Anregungen für Referate und Facharbeiten mit entsprechenden Schwerpunkten.

MÜLLER, JAN-DIRK: *G. E. Lessing, Emilia Galotti. Erläuterungen und Dokumente.* Stuttgart: Philipp Reclam jun. 1993 (RUB 8111). Das ‚Reclam'-Heft aus der ‚grünen Reihe' ist eine ideale Ergänzung zur Lektüre des Dramas. Es bietet detaillierte Wort- und Sacherklärungen, Ausführungen und Dokumente zur Motiv-, Entstehungs- und Wirkungsgeschichte des Textes sowie eine ausführliche Bibliographie.

STEINMETZ, HORST: *Emilia Galotti. In: Lessings Dramen. Interpretationen.* Stuttgart: Philipp Reclam jun. 2001, S. 87–137. Die detaillierte Interpretation des Dramas vermittelt zugleich eine Auseinandersetzung mit wichtigen Positionen aus der Forschungsgeschichte. Dabei wird nicht zuletzt die Problematik des Dramenschlusses diskutiert. Der Aufsatz setzt keine Spezialkenntnisse voraus, verlangt aber eine aufmerksame Lektüre und erweitert das Textverständnis durch eine an Perspektiven reiche Argumentation.

Anmerkungen

1 Brief an Friedrich Nicolai (21.07.1758). Zitiert nach: Jan-Dirk Müller, Erläuterungen und Dokumente: G. E. Lessing, Emilia Galotti. Stuttgart 1993, Reclams Universalbibliothek Nr. 8111, S. 45.

2 Ebd., S. 27.

3 Ludwig XIV.: Memoiren (1668–1672). Zitiert nach: Studienbuch Geschichte, Band 6. Stuttgart 1981, S. 143.

4 Friedrich II.: Politisches Testament. Zitiert nach: Geschichte in Quellen. München 1982, S. 605.

5 Johann Bernhard Basedow, Elementarwerk, herausgegeben v. Th. Fritzsch / G. Olms. Hildesheim. New York 1972, S. 491 f.

6 Immanuel Kant, Beantwortung der Frage: Was ist Aufklärung? (1783). Zitiert nach: Was ist Aufklärung? Thesen und Definitionen, herausgegeben von E. Bahr. Stuttgart 1974 ff., Reclams Universalbibliothek Nr. 9714, S. 9.

7 E. Frenzel, Stoffe der Weltliteratur. Stuttgart 7/1988, S. 776.

8 Erläuterungen und Dokumente, a.a.O., S. 84.

9 Metzler Literaturlexikon, herausgegeben v. G./I. Schweikle, Stuttgart 2/1990, S. 70.

10 G. E. Lessing, Hamburgische Dramaturgie, herausgegeben v. O. Mann. Stuttgart 2/1963, 14. Stück, S. 57.

11 Ebd., 32. Stück, S. 128.

12 Metzlers Literaturlexikon, a.a.O., S. 70.

13 Vgl. die Dokumente zur Wirkungsgeschichte in: Erläuterungen u. Dokumente, a.a.O., S. 51–90. Zitate: S. 57, 59, 64, 73.

Ihre Meinung ist uns wichtig!

Ihre Anregungen sind uns immer willkommen. Bitte informieren
Sie uns mit diesem Schein über Ihre Verbesserungsvorschläge!

Titel-Nr.	Seite	Vorschlag

Lernen▪Wissen▪Zukunft

STARK

22-V1P

Bitte ausfüllen und im frankierten Umschlag
an uns einsenden. Für Fensterkuverts geeignet.

Zutreffendes bitte ankreuzen! Die Absenderin/der Absender ist:

☐ Lehrer/in in den Klassenstufen:

☐ Fachbetreuer/in
Fächer:

☐ Seminarlehrer/in
Fächer:

☐ Regierungsfachberater/in
Fächer:

☐ Oberstufenbetreuer/in

☐ Schulleiter/in

☐ Referendar/in, Termin 2. Staats-
examen:

☐ Leiter/in Lehrerbibliothek

☐ Leiter/in Schülerbibliothek

☐ Sekretariat

☐ Eltern

☐ Schüler/in, Klasse:

☐ Sonstiges:

STARK Verlag
Postfach 1852
85318 Freising

Kennen Sie Ihre Kundennummer?
Bitte hier eintragen.

Absender (Bitte in Druckbuchstaben!)

Name/Vorname

Straße/Nr.

PLZ/Ort/Ortsteil

Telefon privat   Geburtsjahr

E-Mail

Schule/Schulstempel (Bitte immer angeben!)

Unterrichtsfächer: (Bei Lehrkräften)

Bitte hier abtrennen

Deutsch Prüfungstraining Literatur

Prüfungstraining Literatur
Liebeslyrik .... Best.-Nr. 1045401
Prüfungstraining Literatur
Kafkas Welt .... Best.-Nr. 1045403
Prüfungstraining Literatur – Baden-Württemberg
Georg Büchner: *Dantons Tod* .... Best.-Nr. 8454003
Prüfungstraining Literatur – Baden-Württemberg
Peter Stamm: *Agnes* .... Best.-Nr. 8454001
Prüfungstraining Literatur – Hessen
Schiller: *Die Jungfrau von Orleans* .... Best.-Nr. 6454001
Prüfungstraining Literatur – Niedersachsen
Christian Kracht: *Faserland* .... Best.-Nr. 3454001
Prüfungstraining Literatur – NRW
Schiller: *Kabale und Liebe* .... Best.-Nr. 5454007
Prüfungstraining Literatur – NRW
Koeppen: *Tauben im Gras* .... Best.-Nr. 5454005
Prüfungstraining Literatur – NRW
Th. Mann: *Buddenbrooks* .... Best.-Nr. 5454001
Prüfungstraining Literatur – NRW
J. W. v. Goethe: *Iphigenie auf Tauris* .... Best.-Nr. 5454003

Spanisch

Kompakt-Wissen Abitur
Wortschatz Oberstufe .... Best.-Nr. 945401

Englisch Interpretationen

Albee:
Who's afraid of Virginia Woolf? .... Best.-Nr. 2500101
Atwood: *The Handmaid's Tale* .... Best.-Nr. 2500181
Auster: *Moon Palace* .... Best.-Nr. 2500031
Boyle: *The Tortilla Curtain* .... Best.-Nr. 2500131
Bradbury: *Fahrenheit 451* .... Best.-Nr. 2500141
20th Century English Short Stories .... Best.-Nr. 2500151
Fitzgerald: *The Great Gatsby* .... Best.-Nr. 2500191
Golding: *Lord of the Flies* .... Best.-Nr. 2500051
Hansberry: *A Raisin in the Sun* .... Best.-Nr. 2500291
Hornby: *About a Boy* .... Best.-Nr. 2500201
Huxley: *Brave New World* .... Best.-Nr. 2500281
Ishiguro: *The Remains of the Day* .... Best.-Nr. 2500171
Lee: *To Kill A Mockingbird* .... Best.-Nr. 2500231
Lessing: *The Fifth Child* .... Best.-Nr. 2500071
Priestley: *An Inspector Calls* .... Best.-Nr. 2500081
Russell: *Educating Rita* .... Best.-Nr. 2500061
Salinger: *The Catcher in the Rye* .... Best.-Nr. 2500111
Shakespeare: *Macbeth* .... Best.-Nr. 2500011
Shakespeare: *Much Ado About Nothing* ..... Best.-Nr. 2500241
Shakespeare: *Romeo and Juliet* .... Best.-Nr. 2500041
Shaw: *Pygmalion* .... Best.-Nr. 2500121
Shepard: *True West* .... Best.-Nr. 2500211
Steinbeck: *Of Mice and Men* .... Best.-Nr. 2500261
Swarup: *Q & A – Slumdog Millionaire* .... Best.-Nr. 2500271
Williams: *A Streetcar Named Desire* ...... Best.-Nr. 2500221

Englisch Training

Themenwortschatz .... Best.-Nr. 82451
Grammatikübungen .... Best.-Nr. 82452
Übersetzung .... Best.-Nr. 82454
Grundlagen, Arbeitstechniken und
Methoden mit Audio-CD .... Best.-Nr. 944601
Sprechfertigkeit mit Audio-CD .... Best.-Nr. 94467
Sprachmittlung
Deutsch – Englisch · Englisch – Deutsch ... Best.-Nr. 94469
Abitur-Wissen
Landeskunde Großbritannien .... Best.-Nr. 94461
Abitur-Wissen Landeskunde USA .... Best.-Nr. 94463
Abitur-Wissen
Englische Literaturgeschichte .... Best.-Nr. 94465
Klausuren Englisch Oberstufe .... Best.-Nr. 905113
Kompakt-Wissen Abitur
Themenwortschatz .... Best.-Nr. 90462
Kompakt-Wissen Abitur
Landeskunde/Literatur .... Best.-Nr. 90463

Französisch Interpretationen

Camus: *L'Etranger/Der Fremde* .... Best.-Nr. 2550041
Sartre: *Huis clos/
Geschlossene Gesellschaft* .... Best.-Nr. 2550051
Schmitt: *Oscar et la dame rose* .... Best.-Nr. 2550071

Französisch Training

Themenwortschatz .... Best.-Nr. 94503
Textarbeit Oberstufe .... Best.-Nr. 94504
Sprachmittlung · Übersetzung .... Best.-Nr. 94512
Abitur-Wissen
Französische Literaturgeschichte .... Best.-Nr. 94506
Klausuren Französisch Oberstufe
mit MP3-CD .... Best.-Nr. 105011
Kompakt-Wissen Abitur
Wortschatz Oberstufe .... Best.-Nr. 945010
Kompakt-Wissen Abitur
Kurzgrammatik .... Best.-Nr. 945011

Latein Training

Abitur-Wissen
Lateinische Literaturgeschichte .... Best.-Nr. 94602
Abitur-Wissen Römische Philosophie .... Best.-Nr. 94604
Abitur-Wissen Prüfungswissen Latinum ..... Best.-Nr. 94608
Klausuren Latein Oberstufe .... Best.-Nr. 106011
Kompakt-Wissen Abitur
Latein Basisautoren Oberstufe .... Best.-Nr. 946010

Bestellungen bitte direkt an:

STARK Verlagsgesellschaft mbH & Co. KG · Postfach 1852 · 85318 Freising
Tel. 0180 3 179000* · Fax 0180 3 179001* · www.stark-verlag.de · info@stark-verlag.de
*9 Cent pro Min. aus dem deutschen Festnetz, Mobilfunk bis 42 Cent pro Min.
Aus dem Mobilfunknetz wählen Sie die Festnetznummer: 08167 9573-0

Lernen • Wissen • Zukunft
STARK

STARK Interpretationshilfen und Trainingsbände für die Oberstufe

Deutsch Interpretationen

Andersch:
Sansibar oder der letzte Grund .... Best.-Nr. 2400721
Becker: *Bronsteins Kinder* .... Best.-Nr. 2400671
Brecht: *Der aufhaltsame Aufstieg
des Arturo Ui* .... Best.-Nr. 2400281
Brecht: *Leben des Galilei* .... Best.-Nr. 2400011
Brecht:
Mutter Courage und ihre Kinder .... Best.-Nr. 2400521
Brecht: *Der gute Mensch von Sezuan*.... Best.-Nr. 2400751
Brussig:
Am kürzeren Ende der Sonnenallee ..... Best.-Nr. 2400201
Büchner: *Dantons Tod* .... Best.-Nr. 2400122
Büchner: *Der Hessische Landbote* .... Best.-Nr. 2400461
Büchner: *Lenz* .... Best.-Nr. 2400431
Büchner: *Leonce und Lena* .... Best.-Nr. 2400261
Büchner: *Woyzeck* .... Best.-Nr. 2400042
Dürrenmatt:
Der Besuch der alten Dame .... Best.-Nr. 2400341
Dürrenmatt: *Der Verdacht* .... Best.-Nr. 2400571
Dürrenmatt: *Die Physiker* .... Best.-Nr. 2400651
Eichendorff:
Aus dem Leben eines Taugenichts .... Best.-Nr. 2400071
Eichendorff: *Das Marmorbild* .... Best.-Nr. 2400081
Fontane: *Effi Briest* .... Best.-Nr. 2400371
Fontane: *Irrungen, Wirrungen* .... Best.-Nr. 2400401
Fontane: *Frau Jenny Treibel* .... Best.-Nr. 2400611
Frisch:
Biedermann und die Brandstifter .... Best.-Nr. 2400531
Frisch: *Homo faber* .... Best.-Nr. 2400031
Frisch: *Andorra* .... Best.-Nr. 2400131
Goethe: *Faust I* .... Best.-Nr. 2400511
Goethe: *Iphigenie auf Tauris* .... Best.-Nr. 2400361
Goethe: *Die Leiden des jungen Werther* Best.-Nr. 2400051
Grass: *Im Krebsgang* .... Best.-Nr. 2400811
Gross: *Grafeneck* .... Best.-Nr. 2400761
Hauptmann: *Die Ratten* .... Best.-Nr. 2400411
Hebbel: *Maria Magdalena* .... Best.-Nr. 2400791
Hein: *Der fremde Freund/Drachenblut* Best.-Nr. 2400061
Hesse: *Siddhartha* .... Best.-Nr. 2400711
Hoffmann, E.T.A.:
Das Fräulein von Scuderi .... Best.-Nr. 2400451
Hoffmann, E.T.A.: *Der Sandmann* .... Best.-Nr. 2400351
Horváth:
Geschichten aus dem Wiener Wald ...... Best.-Nr. 2400581
Kafka: *Der Proceß* .... Best.-Nr. 2400481
Kafka: *Die Verwandlung/Das Urteil* .... Best.-Nr. 2400141
Kehlmann: *Die Vermessung der Welt* ... Best.-Nr. 2400701
Keller: *Romeo und Julia auf dem Dorfe* Best.-Nr. 2400321
Kerner: *Blueprint. Blaupause* .... Best.-Nr. 2400391
Kleist: *Der zerbrochne Krug* .... Best.-Nr. 2400541
Kleist: *Die Marquise von O.* .... Best.-Nr. 2400471
Kleist: *Michael Kohlhaas* .... Best.-Nr. 2400111

Kleist: *Prinz Friedrich von Homburg* ..... Best.-Nr. 2400631
Koeppen: *Tauben im Gras* .... Best.-Nr. 2400641
Kracht: *Faserland* .... Best.-Nr. 2400771
Lessing: *Emilia Galotti* .... Best.-Nr. 2400191
Lessing: *Nathan der Weise* .... Best.-Nr. 2400501
Mann, Th.: *Der Tod in Venedig* .... Best.-Nr. 2400291
Mann, Th.: *Tonio Kröger/
Mario und der Zauberer* .... Best.-Nr. 2400151
Mann, Th.: *Buddenbrooks* .... Best.-Nr. 2400681
Musil: *Die Verwirrungen
der Zöglings Törleß* .... Best.-Nr. 2400561
Pressler: *Nathan und seine Kinder* .... Best.-Nr. 2400821
Roth: *Hiob* .... Best.-Nr. 2400831
Schiller: *Don Karlos* .... Best.-Nr. 2400162
Schiller: *Kabale und Liebe* .... Best.-Nr. 2400231
Schiller: *Die Räuber* .... Best.-Nr. 2400421
Schiller: *Maria Stuart* .... Best.-Nr. 2400272
Schiller: *Willhelm Tell* .... Best.-Nr. 2400731
Schiller: *Die Jungfrau von Orleans* .... Best.-Nr. 2400801
Schlink: *Der Vorleser* .... Best.-Nr. 2400102
Schneider: *Schlafes Bruder* .... Best.-Nr. 2400021
Schnitzler: *Lieutenant Gustl* .... Best.-Nr. 2400661
Schnitzler: *Traumnovelle* .... Best.-Nr. 2400311
Sophokles: *Antigone* .... Best.-Nr. 2400221
Stamm: *Agnes* .... Best.-Nr. 2400691
Storm: *Der Schimmelreiter* .... Best.-Nr. 2400381
Süskind: *Das Parfum* .... Best.-Nr. 2400091
Timm:
Die Entdeckung der Currywurst .... Best.-Nr. 2400301
Vanderbeke: *Das Muschelessen* .... Best.-Nr. 2400331
Wedekind: *Frühlings Erwachen* .... Best.-Nr. 2400491
Wolf: *Kassandra* .... Best.-Nr. 2400601
Wolf: *Medea. Stimmen* .... Best.-Nr. 2400551
Zweig: *Schachnovelle* .... Best.-Nr. 2400441

Deutsch Training

Gedichte analysieren und
interpretieren .... Best.-Nr. 944091
Dramen analysieren u. interpretieren .. Best.-Nr. 944092
Epische Texte analysieren und
interpretieren .... Best.-Nr. 944093
Erörtern und Sachtexte analysieren ..... Best.-Nr. 944094
Abitur-Wissen
Deutsche Literaturgeschichte .... Best.-Nr. 94405
Abitur-Wissen Textinterpretation .... Best.-Nr. 944061
Abitur-Wissen
Erörtern und Sachtexte analysieren ..... Best.-Nr. 944064
Abitur-Wissen
Prüfungswissen Oberstufe .... Best.-Nr. 94400
Klausuren Deutsch Oberstufe .... Best.-Nr. 104011
Kompakt-Wissen Literaturgeschichte ... Best.-Nr. 944066
Epochen der deutschen Literatur
im Überblick .... Best.-Nr. 104401

(Bitte blättern Sie um)